U0456998

2023

世界 500 强电力企业比较分析报告

国网能源研究院有限公司 编著

图书在版编目（CIP）数据

世界 500 强电力企业比较分析报告 . 2023/国网能源研究院有限公司编著 . —北京：中国电力出版社，2024.2

ISBN 978 - 7 - 5198 - 8579 - 3

Ⅰ. ①世…　Ⅱ. ①国…　Ⅲ. ①电力工业－工业企业－对比研究－研究报告－世界－2023　Ⅳ. ①F416.61

中国国家版本馆 CIP 数据核字（2024）第 023148 号

出版发行：中国电力出版社
地　　址：北京市东城区北京站西街 19 号（邮政编码 100005）
网　　址：http：//www.cepp.sgcc.com.cn
责任编辑：刘汝青（010-63412382）　安小丹
责任校对：黄　蓓　马　宁
装帧设计：赵姗姗
责任印制：吴　迪

印　　刷：三河市万龙印装有限公司
版　　次：2024 年 2 月第一版
印　　次：2024 年 2 月北京第一次印刷
开　　本：787 毫米×1092 毫米　16 开本
印　　张：8.75
字　　数：123 千字
印　　数：0001—1500 册
定　　价：188.00 元

声　　明

一、本报告著作权归国网能源研究院有限公司单独所有，未经公司书面同意，任何个人或单位都不得引用、转载、摘抄。

二、本报告中梳理世界 500 强企业发展动态、现状、实践探索经验等均来自报告文末所列参考文献，如对参考文献的解读有不足、不妥或理解错误之处，敬请谅解，烦请参考文献的作者随时指正。

序　言

　　经过一年来的艰辛探索和不懈努力，国网能源研究院有限公司（简称国网能源院）遵循智库本质规律，思想建院、理论强院，更加坚定地踏上建设世界一流高端智库的新征程。百年变局，复兴伟业，使能源安全成为须臾不可忽视的"国之大者"，能源智库需要给出思想进取的回应、理论进步的响应。因此，对已经形成的年度分析报告系列，谋划做出了一些创新的改变，力争让智库的价值贡献更有辨识度。

　　在 2023 年度分析报告的选题策划上，立足转型，把握大势，围绕碳达峰碳中和路径、新型能源体系、电力供需、电源发展、新能源发电、电力市场化改革等重点领域深化研究，围绕世界 500 强电力企业、能源电力企业数字化转型等特色领域深度解析。国网能源院以"真研究问题"的态度，努力"研究真问题"。我们的期望是真诚的，不求四平八稳地泛泛而谈，虽以一家之言，但求激发业界共同思考，在一些判断和结论上，一定有不成熟之处。对此，所有参与报告研究编写的研究者，没有对鲜明的看法做模糊圆滑的处理，我们对批评指正的期待同样是真诚的。

　　在我国能源发展面临严峻复杂内外部形势的关键时刻，国网能源院对"能源的饭碗必须端在自己手里"，充满刻骨铭心的忧患意识和前所未有的责任感，为中国能源事业当好思想先锋，是智库走出认知"舒适区"的勇敢担当。我们深知，"积力之所举，则无不胜也；众智之所为，则无不成也。"国网能源院愿与更多志同道合的有志之士，共同完成中国能源革命这份"国之大者"的答卷。

国网能源研究院有限公司

2023 年 12 月

前　言

　　世界 500 强（Fortune Global 500）是对美国《财富》杂志每年按照营业收入规模评选出的"全球最大五百家公司"的通称，也是评估全球大型公司知名的榜单。从 1995 年《财富》杂志第一次发布同时涵盖工业企业和服务性企业的世界 500 强至今，榜单已连续发布 28 年，通过记录全球最大的 500 家企业的规模、盈利与行业分布情况，世界 500 强系统展示了全球经济发展与产业结构变迁的故事，展现了大国崛起与企业竞争的方向。国家的竞争看经济，经济的竞争看企业，企业的竞争突出表现在一批规模实力国际领先大企业的较量。了解全球经济发展态势，观察不同类型行业发展动向，是本报告成稿目的所在，并可为政府部门、电力企业和社会各界提供有价值的决策参考。

　　1996 年，中国上榜企业数量 4 家，国别排名为第 13 名； 2019 年，中国上榜企业数量超过美国，国别排名位列第一。能源电力行业是国民经济的重要先行行业，是经济快速发展的先导。 2000 年中国上榜电力企业仅有 1 家； 2010 年 6 家，超越日本的 4 家； 2012 年达到最高的 8 家； 2018 年至今保持在 7 家。中国企业在全球范围内实现跨越式发展的背后，是中国经济取得历史性发展的有力证明。但同时更要清醒认识到，中国企业的跨越式发展得益于中国超大规模市场优势，得益于参与全球产业分工和合作的难得历史机遇。当前，世界百年未有之大变局加速演进，新一轮新科技革命和产业变革深入发展，战略机遇与风险挑战并存。中国上榜企业仍需进一步提升质量与效益，切实提高企业核心竞争力。

　　本报告从 2023 年上榜企业与世界经济发展趋势分析出发，系统研究年度上榜企业总体情况及主要特点，深度分析上榜电力企业在业务范围、经营情况的动向和趋势，本报告首先对世界 500 强上榜企业的基本情况进行了介绍，在对营业收入趋势、入围门槛、国家竞争格局分析的基础上，再分析榜单反映的中国企业发展、产业结构转型、国有民营企业发展等情况；其次，介绍了上榜电力企业排名、国别分布情况，比较分析上榜电力企业的相关指标变化趋势；而后，选取了世界 500 强企业中的典型企业开展司库管理对标，提炼案例企业司库建设举措，为企业全面提升资金管理与风控提供借鉴；最后，对 2024 年的世界 500 强榜单进行了预测，对行业分布进行了相关分析。

需要说明的是，世界 500 强榜单行业划分中并未单独列示电力行业。由于跨国能源企业普遍开展多元化经营，本报告涉及的电力企业主要指以电力生产、输送、配售与供应为主营业务的企业，但这些企业通常也经营天然气及其他能源服务等相关业务。

限于作者水平及对资料掌握得不完备，难免还存在许多不足，特别是严谨性和深刻性方面，仍留下不少遗憾，期待读者们的批评指正和宝贵建议，激励我们研究的脚步走得更加踏实。

编著者

2023 年 11 月

目　录

概　　述

　　世界 500 强榜单自发布至今，已成为衡量全球大型公司最重要的参考之一，也是从一个侧面观察世界与区域经济的"晴雨表"，还是观察各个行业在不同发展阶段特征的重要窗口，更是观察不同类型企业发展兴衰的一个重要的方式。从立足行业需要出发，一如既往，团队仍持续分析了榜单上的能源电力企业。

　　总体来看，在新冠疫情和地缘政治冲突双重影响下，世界经济艰难复苏，但通过观察上榜企业的特点，我们仍可以看到令人注入信心的一面，中国上榜企业数量仍位居世界第一，上榜企业行业覆盖率不断提升，国有企业与民营企业协同发展，科技创新能力不断增强，综合实力和竞争力持续全面稳步提升。然而，世界已进入新的动荡变革期，2023 年世界 500 强榜单陈列中也不无带有变动征兆的特点：

　　（一） 2023 年榜单整体特点：此消彼长，百舸争流

　　一是全球上榜企业经营业绩增速放缓，中国上榜企业数量同比有所减少。2023 年，世界 500 强营业收入总额同比增长 8.4％，较上年降低 10.8 个百分点，净利润合计 2.9 万亿美元，同比减少 6.5％。2023 年，中国上榜企业数量 142 家，比上年减少 3 家；美国上榜企业 136 家，较上年增加 12 家。

　　二是全球电力企业上榜数量减少，中国上榜电力企业数量仍居榜首。自 2015 年全球上榜电力企业数量达到峰值之后，伴随能源电力清洁绿色转型发展，全球电力企业并购重组行动频繁，上榜电力企业数量呈缩减趋势。2023 年全球共有 17 家电力企业上榜，富腾公司退榜；中国有 7 家电力企业上榜，上榜

数量与上年持平，仍居各国首位，上榜电力企业排名最高为国家电网，位列第 3 名。

（二）　2023 年中国上榜企业特点：齐头并进，交映成辉

一是中国上榜企业营业收入持续提升，在 17 个行业排名世界第一。2023 年，中国上榜企业营业收入规模 11.7 万亿美元，同比增长 1.7%，是 2013 年 5.2 万亿美元的 2 倍多。上榜企业覆盖世界 500 强 55 个行业中的 32 个，其中在工程与建筑、金属产品、商业储蓄银行等 17 个行业营业收入排名世界第一。

二是国有企业与民营企业各具优势，共同发挥重要作用。国有企业营业收入占中国全部上榜企业的 75.9%，航天与防务、公用设施、电信等 12 个行业上榜企业均为国有企业，体现出较强的产业控制能力。民营企业在互联网、新能源技术等新兴领域表现突出，美团、宁德时代首次进入榜单，分别排在第 467 位和第 292 位，比亚迪排名较上年大幅提升 224 位。

三是中国上榜企业行业覆盖与经营业绩主要集中在传统领域，产业结构升级任重道远。2023 年，中国上榜企业主要集中在传统领域，上榜企业数量最多的前五大行业为金属产品、工程与建筑、采矿和原油生产、商业储蓄银行、车辆与零部件，企业数量合计占比为 40.8%、营业收入合计占比为 40.5%。高产业附加值的半导体和电子元件、医疗器材和设备等新兴行业，中国与美国还存在着差距。

（三）　2024 年上榜企业若干分布特点：能源独秀，数字独行

一是能源企业收入继续回升，上榜能源企业排名将持续提升。2023 年全球能源供求关系偏紧，能源价格保持高位波动。综合考虑，能源电力行业收入水平将持续提升，预计 2024 年上榜能源企业排名整体上升。

二是新能源汽车市场规模持续扩大，上榜汽车企业数量将略有增长。自 2020 年后，由于新冠疫情、半导体及供应链问题的限制，多家研究机构预测 2023 年全球汽车销量总体与 2022 年基本保持一致，考虑到新能源汽车市场规模将持续扩大，更多新能源车企有望进入 2024 年世界 500 强榜单，综合预计

2024 年上榜的车企数量会有增长。

三是互联网行业稳健发展，上榜互联网企业排名将小幅回升。2023 年，随着全球化进程的不断推进和数字技术的飞速发展，加上经过疫情后，消费者的消费习惯发生了结构性转变，消费线上化趋势下，全球零售电商市场仍有一定增长潜力。综合考虑，2023 年互联网行业仍将保持稳健发展态势，预计上榜企业排名将小幅回升。

（撰写人：张佳颖　审核人：李有华）

1

2023 年世界 500 强
上榜企业情况

1.1   上榜企业与世界经济发展趋势分析

1.1.1   世界 500 强营业收入趋势分析

世界 500 强企业是推动全球经济持续增长的重要主体和强劲动力[1]。2001—2022 年，世界 500 强营业收入年均增长 5.5%，全球 GDP 年均增长 5.2%，如图 1-1 所示，世界 500 强营业收入规模变动与全球经济发展同频共振。2023 年，世界 500 强营业收入总额同比增长 8.4%，较上年降低 10.8 个百分点，同期全球 GDP 同比增长 5.1%，较上年降低 8.1 个百分点，两者同向波动，高度相关。

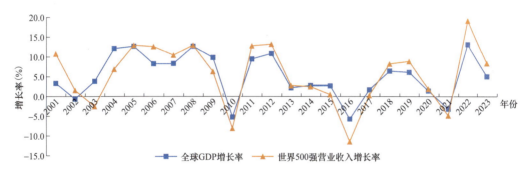

图 1-1   2001—2023 年世界 GDP 与世界 500 强企业营业收入变化情况

资料来源：根据《财富》网站及世界银行数据资料整理。

1.1.2   世界 500 强入围门槛变化分析

世界 500 强营业收入规模与全球经济增长息息相关。随着全球经济持续波动增长，世界 500 强门槛逐年波动提高。2021 年是自 2016 年以来世界 500 强入围门槛首次下降，反映出新冠疫情大流行对全球经济发展的剧烈冲击。随着世界经济秩序的恢复，2022 年世界 500 强门槛明显回升，达到 286 亿美元，增长率为 19.2%，为近 20 年最高水平。2023 年，500 强企业上榜门槛达到 309 亿美元，同比提升 23 亿美元，增长率为 7.9%，受全球经济增速放缓影响，增长率较上年降低 11.3 个百分点。2001—2023 年世界 500 强上榜门槛变化情况见图 1-2。

图 1-2 2001—2023 年世界 500 强上榜门槛变化情况

资料来源：根据《财富》网站及世界银行数据资料整理。

1.1.3 榜单变迁与国家地区竞争格局分析

2023 年中国上榜企业数量 142 家，比 2022 年减少 3 家，连续 5 年位居各国之首[2]。其中，内地和香港地区上榜企业数量 135 家，比 2022 年减少 1 家，比美国上榜企业数量少 1 家。2023 年美国上榜企业数量为 136 家，中美两国上榜企业合计占 500 强的 55.6%。上榜企业数量位列第 3～10 位的国家依次为日本、德国、法国、韩国、英国、加拿大、瑞士、荷兰，上榜企业合计 163 家，占比 32.6%。**排名前 10 企业**，中国、美国分别有 3 家、5 家，国家电网、中国石油、中国石化分别排名第 3、5、6 位；沃尔玛连续 10 年位居榜首，亚马逊、埃克森美孚、苹果公司、联合健康集团分别排名第 4、7、8、10 位；沙特阿美、壳牌公司排名第 2、9 位。**排名前 50 企业**，中国 15 家，美国 21 家，差距较上年扩大 2 家。**排名前 100 企业**，美国 35 家，中国 31 家，2022 年中国 35 家、美国 34 家。2021—2023 年上榜企业国别分布变化见表 1-1。

表 1-1　　　　2021－2023 年世界 500 强上榜企业国别分布情况

排名	国家	上榜数量（家）		
		2021 年	2022 年	2023 年
1	中国	143	145	142
2	美国	122	124	136
3	日本	53	47	41
4	德国	27	28	30
5	法国	26	25	24
6	韩国	15	16	18
7	英国	22	18	15
8	加拿大	12	12	14
9	瑞士	13	14	11
10	荷兰	11	11	10

资料来源：根据《财富》网站数据资料整理。

受全球经济增速疲软影响，2023 年世界 500 强企业净利润合计为 2.9 万亿美元，同比下降 6.5%。2023 年世界 500 强榜单中，中国上榜企业平均利润呈现下降趋势，中国上榜企业平均盈利水平（39.6 亿美元）低于世界 500 强企业平均水平（58.0 亿美元），仅相当于美国上榜企业平均水平（80.0 亿美元）的 49.5%，但差距同比缩小 32%，英国平均净利润（91.4 亿美元）超过美国，位居平均净利润榜首。2021－2023 年不同国家上榜企业平均净利润变化情况见表 1-2。

表 1-2　2021－2023 年世界 500 强企业平均净利润变化情况（分国别）

排名	国别	平均净利润（亿美元）		
		2021 年	2022 年	2023 年
1	英国	22.5	69.6	91.4
2	美国	51.2	100.5	80.0
3	瑞士	45.9	67.3	62.6
4	加拿大	33.4	47.5	59.0
5	荷兰	−13.4	41.4	47.9
6	**中国**	**35.4**	**41.3**	**39.6**
7	德国	16.2	43.9	34.4

续表

排名	国别	平均净利润（亿美元）		
		2021 年	2022 年	2023 年
8	日本	32.0	35.6	32.0
9	法国	13.2	48.5	31.5
10	韩国	26.9	42.9	30.2
	世界平均水平	33.0	62.0	58.0

资料来源：根据《财富》网站数据资料整理。

1.2　行业结构变迁与经济发展动能分析

1.2.1　上榜企业行业分布情况

在宏观政策收紧、新冠疫情形势延宕反复、地缘政治冲突升级、重大气候灾害频发等短期因素的冲击下，2022 年世界经济增速明显下滑。2021—2023 年入围世界 500 强的不同行业企业上榜数量、营收及利润占比见表 1-3，典型行业上榜企业数量、营业收入占比及利润占比变化情况呈现以下主要特征：

金融行业上榜企业数量减少，利润贡献度有所下降。2023 年，金融行业上榜企业数量为 101 家，较上年减少 9 家。101 家金融企业的营业收入总额和净利润总额分别为 7.56 万亿美元和 0.69 万亿美元，占世界 500 强企业营业收入和净利润总额的 18.5%、23.9%，较上年分别下降 1.7、7.6 个百分点。

能源行业上榜企业数量持续回升，经营效益稳步提升。能源行业上榜企业数量从 2021 年的 64 家回升至 82 家，上榜能源企业营业收入为 9.5 万亿美元，同比增加 34.2%。榜单前 10 名中，能源企业占 6 家，相较于 2022 年有 2 家企业重新进入榜单前 10 名，分别是埃克森美孚、壳牌公司。利润榜单前 10 名中，有 2 家是能源企业，其中盈利最大的是埃克森美孚，盈利 557.4 亿美元。

互联网行业上榜企业数量提升，利润贡献度有所下降。2023 年，互联网行业上榜企业数量为 9 家，较前两年增加 2 家，分别是美团、Uber Technologies 公司。上榜互联网企业营业收入 1.4 万亿美元，同比增长 9.6％。9 家互联网企业的净利润总额为 1.1 万亿美元，占世界 500 强净利润总额的 3.8％，较上年下降 2.5 个百分点。

2021—2023 年典型行业上榜企业数量、营业收入占比及利润占比变化情况见表 1-3。

表 1-3　　　　**2021—2023 年典型行业上榜企业数量、营业收入**

占比及利润占比变化情况

行业名称	上榜企业数量（家）		
	2021 年	2022 年	2023 年
金融	118	110	101
能源	64	72	82
车辆与零部件	33	33	34
医疗保健	32	28	26
互联网	7	7	9

行业名称	营业收入占比情况		
	2021 年	2022 年	2023 年
金融	23.0％	20.2％	18.5％
能源	15.2％	18.8％	23.3％
医疗保健	6.8％	6.2％	5.7％
车辆与零部件	7.8％	7.6％	7.5％
互联网	3.1％	3.3％	3.4％

行业名称	利润占比情况		
	2021 年	2022 年	2023 年
金融	37.6％	31.5％	23.9％
能源	0.1％	15.2％	24.0％
医疗保健	6.7％	6.2％	6.5％
车辆与零部件	3.3％	6.0％	5.4％
互联网	8.9％	6.3％	3.8％

资料来源：根据《财富》网站数据资料整理。

1.2.2　上榜企业国别分布情况

总体来看，**在各行业子榜单中，中国上榜企业数量优势明显**。

能源行业中，中国上榜企业逐年增加，2023 年中国上榜企业已达 20 家，居行业上榜数量之最，是美国上榜企业数量的近 2 倍。2021—2023 年能源行业上榜企业数量国别分布情况见表 1-4。

表 1-4　　2021—2023 年能源行业上榜企业数量国别分布情况

序号	国别	能源		
		上榜企业数量（家）		
		2021 年	2022 年	2023 年
1	中国	18	19	20
2	美国	6	8	11
3	德国	2	4	5
4	韩国	2	3	5
5	印度	4	4	4
6	英国	4	4	4
7	巴西	2	3	4
8	日本	5	3	3
9	法国	3	3	3
10	西班牙	2	2	3

资料来源：根据《财富》网站资料整理。

金融行业中，美国企业上榜企业数量最多，位居各国首位。中国近 3 年上榜企业数量逐年减少，2023 年上榜企业数量为 21 家，但仍然比第 3 名的日本高出近 1 倍。中国上榜企业中，工商银行、建设银行位列利润榜前 10 强，分列第 7、8 位。美国上榜企业中，没有金融企业进入利润榜前 10 名。2021—2023 年金融行业上榜企业数量国别分布情况见表 1-5。

表 1 - 5　　　　　2021—2023 年金融行业上榜企业数量国别分布情况

序号	国别	金融		
		上榜企业数量（家）		
		2021 年	2022 年	2023 年
1	美国	31	30	31
2	中国	26	24	21
3	日本	11	11	11
4	加拿大	8	6	6
5	法国	5	5	5
6	德国	5	5	4
7	瑞士	5	5	4
8	巴西	3	3	4
9	意大利	4	3	3
10	韩国	3	3	3

资料来源：根据《财富》网站资料整理。

　　车辆及零部件行业中，中国上榜企业数量首次超过日本，位居榜单之首，日本和德国上榜企业数量持平，并列第二，其余国家上榜企业数量保持稳定。2023 年榜单前 100 名中，德国企业占 3 家，为大众公司、奔驰集团、宝马集团；日本、美国各占 2 家，日本为丰田汽车、本田汽车，美国为福特汽车、通用汽车；荷兰、中国、韩国各 1 家，分别是 Stellantis 集团、上汽集团、现代汽车。2021—2023 年车辆及零部件行业上榜企业数量国别分布情况见表 1 - 6。

表 1 - 6　　2021—2023 年车辆及零部件行业上榜企业数量国别分布情况

序号	国别	车辆及零部件		
		上榜企业数量（家）		
		2021 年	2022 年	2023 年
1	中国	7	8	9
2	日本	10	8	7
3	德国	6	6	7
4	韩国	3	3	3

续表

序号	车辆及零部件			
	国别	上榜企业数量（家）		
		2021 年	2022 年	2023 年
5	美国	3	3	3
6	法国	1	1	1
7	加拿大	1	1	1
8	瑞典	1	1	1
9	印度	1	1	1
10	荷兰	0	1	1

资料来源：根据《财富》网站资料整理。

互联网行业中，中国上榜企业数量最多。2023 年互联网行业上榜企业共有 9 家，中国占 5 家，分别是京东、阿里巴巴、腾讯、小米集团、美团；美国占 4 家，分别是亚马逊、Alphabet 公司、Meta Platforms 公司、Uber Technologies 公司，其中美团和 Uber Technologies 公司首次上榜，除 Alphabet 公司保持不变外，前 6 家互联网公司的榜单名次均有所下滑。中国互联网企业排名最靠前的是京东，位列第 52 位，较上年下降 6 位，退出了前 50 强；排名下降幅度最大的是小米集团，较上年下降 94 位。2021—2023 年互联网行业上榜企业数量国别分布情况见表 1 - 7。

表 1 - 7　　2021—2023 年互联网行业上榜企业数量国别分布情况

序号	互联网			
	国别	上榜企业数量（家）		
		2021 年	2022 年	2023 年
1	中国	4	4	5
2	美国	3	3	4

资料来源：根据《财富》网站资料整理。

1.2.3　上榜企业人均营业收入情况

从各行业人均营业收入的总体水平看，2023 年中国上榜企业在金融、能源、互联网等行业的人均营业收入水平均低于榜单全行业平均水平；近 3 年来，互联网企业人均营业收入水平首次低于榜单全行业平均水平，能源、金融行业的人均营业收入水平与榜单全行业平均水平的差距逐年扩大。

金融行业中， 2023 年，大部分国家人均营业收入同比均有所下降，其中降幅最大的是英国，同比下降 48.1%；日本人均营业收入与 2022 年持平；韩国、美国、巴西、印度、俄罗斯等国家实现同比上升，其中增幅最大的是俄罗斯，同比增加 51.9%。2023 年，韩国、美国、德国、瑞士、法国 5 个国家人均营业收入超过行业平均水平，其中，韩国人均营业收入达到 143.1 万美元；美国、德国、瑞士人均营业收入超过 90 万美元；中国人均营业收入为 54.5 万美元，比平均水平低 14.1 万美元，差距较上年扩大。2021－2023 年金融行业人均营业收入国别分布情况见表 1-8。

表 1-8   2021－2023 年度金融行业人均营业收入国别分布情况

国别	金融行业人均营业收入（万美元）		
	2021 年	2022 年	2023 年
韩国	122.8	135.2	143.1
美国	85.6	91.2	98.2
德国	101.3	109.6	98.0
瑞士	96.6	102.6	96.3
法国	65.9	76.6	69.7
全行业平均水平	**64.9**	**70.5**	**68.6**
荷兰	70.8	93.7	67.6
日本	65.2	64.4	64.4
巴西	33.9	39.6	58.7
中国	53.3	59.3	54.5
加拿大	62.8	57.3	53.6
意大利	51.4	69.1	52.9
印度	21.1	43.4	46.3
西班牙	39.3	38.9	45.3

续表

国别	金融行业人均营业收入（万美元）		
	2021 年	2022 年	2023 年
英国	84.8	83.4	43.3
俄罗斯	15.2	17.5	26.5
澳大利亚	55.9	—	—
瑞典	—	208.9	—

资料来源：根据《财富》网站数据资料整理。

　　能源行业中，2023 年，沙特阿拉伯人均营业收入最高，沙特阿拉伯仅有沙特阿美上榜，排在榜单第 2 位；沙特阿拉伯、美国、挪威、加拿大、泰国、瑞士人均营业收入水平超过 300 万美元；墨西哥、波兰、印度、中国、土耳其、荷兰、俄罗斯、丹麦人均营业收入低于平均水平，其中丹麦人均营业收入最低，仅为 22.1 万美元，中国人均营业收入为 50.2 万美元。2021－2023 年能源行业人均营业收入国别分布情况见表 1-9。

　　表 1-9　　2021－2023 年能源行业人均营业收入国别分布情况

国别	能源行业人均营业收入（万美元）		
	2021 年	2022 年	2023 年
沙特阿拉伯	287.9	584.6	856.3
美国	223.6	481.2	786.0
挪威	215.7	430.4	687.5
加拿大	—	298.2	395.3
泰国	175.5	237.4	314.0
瑞士	162.1	250.7	313.3
意大利	126.4	198.0	296.4
奥地利	—	187.4	293.7
德国	59.4	93.9	255.0
印度尼西亚	120.0	168.2	252.7
西班牙	118.9	160.0	233.6
英国	139.2	209.0	227.3

续表

国别	能源行业人均营业收入（万美元）		
	2021 年	2022 年	2023 年
日本	134.9	186.5	211.7
哥伦比亚	—	—	198.6
澳大利亚	135.9	176.4	182.4
马来西亚	87.4	127.7	171.5
巴西	78.4	118.4	159.5
法国	59.7	84.4	144.3
韩国	73.4	100.7	143.3
全行业平均水平	**53.8**	**79.6**	**107.0**
墨西哥	35.8	59.6	98.7
波兰	—	96.1	96.6
印度	61.9	67.6	77.5
中国	31.8	43.5	50.2
土耳其	26.0	36.8	47.5
荷兰	210.6	—	37.0
俄罗斯	23.1	37.9	35.9
丹麦	—	—	22.1
芬兰	280.2	694.3	—

资料来源：根据《财富》网站数据资料整理。

互联网行业中，2023 年，中国上榜企业人均营业收入有所下降，比榜单全行业平均水平低 1.3 万美元，低于美国 3.3 万美元。京东、阿里巴巴、腾讯、小米集团和美团的人均营业收入分别为 34.5 万、53.9 万、76 万、127.9 万美元和 35.6 万美元。2021—2023 年互联网行业人均营业收入国别分布情况见表 1-10。

表 1-10　　2021—2023 年互联网行业人均营业收入国别分布情况

国别	互联网行业人均营业收入（万美元）		
	2021 年	2022 年	2023 年
美国	43.9	46.0	51.1

续表

国别	互联网行业人均营业收入（万美元）		
	2021 年	2022 年	2023 年
全行业平均水平	43.8	46.8	49.1
中国	47.4	53.2	47.8

资料来源：根据《财富》网站数据资料整理。

1.3 2023 年榜单排名变化分析

1.3.1 榜单前 20 名变化分析

从国别上看，世界 500 强排名前 20 的企业中，美国 9 家，领先于其他国家，中国 4 家，德国 2 家，沙特阿拉伯、英国、新加坡、日本、法国各有 1 家。

从排名变化上看，前 20 家企业排名情况较上年有较大变化。排名上升最为明显的是国外能源企业，其中德国 Uniper 公司重回榜单，首次进入前 20，位居第 16 位，埃克森美孚、壳牌公司时隔两年重回榜单前 10 名，排名分别较上年提升 6 位和 5 位。车辆与零部件行业上榜企业排名较上年有所下降，大众公司、丰田汽车排名分别较上年下降 7 位和 6 位。苹果公司、亚马逊排名分别较上年下降 1 位和 2 位。中国石油、中国石化、中国建筑排名分别较上年下降 1 位、1 位、4 位。具体排名及变化情况见表 1-11。

表 1-11　　　　　　　2023 年榜单前 20 名企业基本情况

2023 年排名	上年排名	排名变化	公司名称	营业收入（百万美元）	利润（百万美元）	国家地区
1	1	0	沃尔玛	611 289	11 680	美国
2	6	4	沙特阿美	603 651	159 069	沙特阿拉伯
3	3	0	国家电网	530 009	8192	中国
4	2	−2	亚马逊	513 983	−2722	美国

续表

2023 年排名	上年排名	排名变化	公司名称	营业收入（百万美元）	利润（百万美元）	国家地区
5	4	-1	中国石油	483 019	21 080	中国
6	5	-1	中国石化	471 154	9657	中国
7	12	5	埃克森美孚	413 680	55 740	美国
8	7	-1	苹果公司	394 328	99 803	美国
9	15	6	壳牌公司	386 201	42 309	英国
10	11	1	联合健康集团	324 162	20 120	美国
11	10	-1	CVS Health 公司	322 467	4149	美国
12	19	7	托克集团	318 476	6994	新加坡
13	9	-4	中国建筑	305 885	4234	中国
14	14	0	伯克希尔—哈撒韦	302 089	-22 819	美国
15	8	-7	大众公司	293 685	15 223	德国
16	—	484	Uniper 公司	288 309	-19 961	德国
17	17	0	Alphabet 公司	282 836	59 972	美国
18	16	-2	麦克森公司	276 711	3560	美国
19	13	-6	丰田汽车	274 491	18 110	日本
20	27	7	道达尔能源	263 310	20 526	法国

资料来源：根据《财富》网站资料整理。

1.3.2 榜单排名提升企业分析

排名提升幅度前 50 名的企业中，上升幅度超过 200 名的有 5 家，上升幅度在 100～200 名之间的有 16 家，上升幅度在 100 名以下的有 29 家。

在排名提升幅度在前 50 中，金融企业占 9 家，其中巴西银行上升幅度超过 200 名，巴西布拉德斯科银行、StoneX 集团、荷兰国际集团、伊塔乌联合银行上升幅度超过 100 名；能源企业占 22 家，其中 World Kinect 公司、波兰国营石油公司上升幅度超过 200 名，GS 加德士、康菲石油公司、巴登—符腾堡州能源公司、森科能源公司、莱茵集团、奥地利石油天然气集团、Cenovus Energy

公司上升幅度超过 100 名；车辆与零部件企业有 2 家，比亚迪（上升 224 位）是排名提升最多的中国公司，特斯拉上升 90 位。2023 年排名提升幅度位列前 50 名的企业情况如表 1-12 所示。

表 1-12　　　　　2023 年排名提升前 50 名企业情况

2023 年排名	排名变化	公司名称	营业收入（百万美元）	利润（百万美元）	国家地区	行业
215	236	TD Synnex 公司	62 344	651.3	美国	批发：电子、办公设备
212	224	比亚迪	63 041	2471	中国	车辆与零部件
234	221	World Kinect 公司	59 043	114	美国	能源
251	214	巴西银行	55 870	5353.3	巴西	银行：商业储蓄
216	208	波兰国营石油公司	62 326	7519.6	波兰	炼油
280	198	达美航空	50 582	1318	美国	航空
291	188	美国航空集团	48 971	127	美国	航空
273	166	巴西布拉德斯科银行	51 587	4065.5	巴西	银行：商业储蓄
304	164	Performance Food Group 公司	47 194	112.5	美国	批发：食品
322	148	GS 加德士	45 343	2160.9	韩国	炼油
149	135	康菲石油公司	82 156	18 680	美国	采矿、原油生产
237	131	巴登－符滕堡州能源公司	58 901	1828	德国	公用设施
327	130	森科能源公司	44 928	6975.1	加拿大	炼油
198	129	StoneX 集团	66 036	207	美国	多元化金融
297	128	荷兰国际集团	48 062	12 753.6	荷兰	银行：商业储蓄
367	128	莱茵集团	40 352	2857.6	德国	公用设施
203	127	奥地利石油天然气集团	65 523	3897	奥地利	炼油
207	126	伊塔乌联合银行	63 884	5754.7	巴西	银行：商业储蓄
277	107	Cenovus Energy 公司	51 406	4956	加拿大	采矿、原油生产
239	104	Enterprise Products Partners 公司	58 186	5490	美国	管道运输
324	103	法国威立雅环境集团	45 105	752.8	法国	公用设施
259	98	KOC 集团	54 467	4215.9	土耳其	能源

续表

2023 年排名	排名变化	公司名称	营业收入（百万美元）	利润（百万美元）	国家地区	行业
301	97	Raízen 公司	47 721	473.9	巴西	炼油
378	97	台湾中油	39 427	− 6299.2	中国	炼油
334	95	高通	44 200	12 936	美国	半导体、电子元件
214	94	Alimentation Couche‑Tard 公司	62 810	2683.3	加拿大	专业零售
152	90	特斯拉	81 462	12 556	美国	车辆与零部件
80	86	墨西哥石油公司	118 537	4994	墨西哥	采矿、原油生产
243	86	Plains GP Holdings 公司	57 342	168	美国	管道运输
353	84	Rajesh Exports 公司	42 306	178.4	印度	贸易
141	82	印尼国家石油公司	84 888	3807	印度尼西亚	炼油
398	79	X5 零售集团	37 494	650.5	荷兰	食品店和杂货店
139	77	马来西亚国家石油公司	85 365	20 999.3	马来西亚	能源
186	75	西斯科公司	68 636	1358.8	美国	批发：食品
178	73	雷普索尔公司	72 536	4471	西班牙	炼油
294	72	多伦多道明银行	48 700	13 535.1	加拿大	银行：商业储蓄
359	72	山西焦煤	41 662	355	中国	采矿、原油生产
110	67	泰国国家石油	96 162	2603.8	泰国	炼油
253	67	美国运通公司	55 625	7514	美国	多元化金融
321	67	日本三井住友金融集团	45 378	5953.5	日本	银行：商业储蓄
320	66	敬业集团	45 705	329.4	中国	金属产品
298	64	CHS公司	47 792	1678.8	美国	食品生产
377	64	顺丰控股	39 765	917.8	中国	运输及物流
233	62	巴拉特石油公司	59 114	265.4	印度	炼油
56	58	Equinor 公司	150 806	28 746	挪威	炼油
126	58	Energy Transfer 公司	89 876	4756	美国	管道运输
133	58	房地美	86 717	9327	美国	多元化金融
246	58	伊维尔德罗拉	56 741	4563.6	西班牙	公用设施

2023 年排名	排名变化	公司名称	营业收入（百万美元）	利润（百万美元）	国家地区	行业
71	57	巴西国家石油公司	124 474	36 623	巴西	炼油
168	57	台积公司	76 022	33 342.5	中国	半导体、电子元件

资料来源：根据《财富》网站资料整理。

1.3.3　榜单排名下降企业分析

2023 年，排名下降幅度前 50 名企业中，下降幅度超过 100 名的有 6 家，剩余 44 家下降幅度在 50～100 名之间。

分行业看，金融企业占比最高，50 家企业中有 12 家是金融企业，其中苏黎世保险集团下降幅度最大，下降 179 位。能源企业占 5 家，其中下降幅度最大的是巴西淡水河谷公司，下降 101 位。2023 年排名下降幅度位列前 50 名企业情况见表 1 - 13。

表 1 - 13　　　　　2023 年排名下降幅度位列前 50 名企业情况

2023 年排名	排名变化	公司名称	营业收入（百万美元）	利润（百万美元）	行业
358	−179	苏黎世保险集团	41 750	4603	财产与意外保险（股份）
399	−167	加拿大鲍尔集团	37 419	1510	人寿与健康保险（股份）
464	−111	海螺集团	32 991	870.5	建材、玻璃
420	−103	仁宝电脑	36 040	244.7	计算机、办公设备
465	−102	建龙集团	32 878	229.1	金属产品
332	−101	巴西淡水河谷公司	44 287	18 788	采矿、原油生产
430	−99	英美资源集团	35 118	4514	采矿、原油生产
360	−94	小米集团	41 631	367.8	电子、电气设备
383	−85	意大利联合圣保罗银行	38 836	4579	银行：商业储蓄
431	−85	泰康保险	34 837	1615	人寿与健康保险（互助）
410	−82	首钢集团	36 853	188.8	金属产品
499	−81	日本三菱重工业	31 050	963.8	工业机械

续表

2023 年排名	排名变化	公司名称	营业收入（百万美元）	利润（百万美元）	行业
205	-80	绿地集团	64 802	150.2	房地产
357	-76	日本 KDDI 电信公司	41 902	5005	电信
384	-75	MS&AD	38 796	1193	财产与意外保险（股份）
411	-75	杭钢集团	36 818	245.8	金属产品
349	-74	美洲电信	42 724	3788	电信
452	-74	意大利邮政集团	33 528	1584	人寿与健康保险（股份）
483	-69	中国航油	31 650	411	贸易
206	-68	碧桂园	63 979	-900	房地产
490	-67	西门子能源	31 367	-437	能源
188	-66	东风汽车	68 416	1211.2	车辆与零部件
211	-66	英特尔公司	63 054	8014	半导体、电子元件
283	-66	鞍钢集团	50 041	608	金属产品
498	-66	CarMax 公司	31 126	485	专业零售
137	-65	意大利忠利保险公司	85 750	3062.7	人寿与健康保险（股份）
418	-64	大和房建	36 261	2278	工程与建筑
437	-64	SK 海力士公司	34 567	1727.2	半导体、电子元件
447	-64	损保控股	34 037	673.4	财产与意外保险（股份）
335	-63	伍尔沃斯集团	44 126	5753.6	食品店和杂货店
403	-63	法国邮政	37 224	1265	邮件、包裹及货物包装运输
428	-63	西班牙 ACS 集团	35 355	702.8	工程与建筑
478	-62	新华人寿	31 861	1460.1	人寿与健康保险（股份）
295	-61	软银集团	48 542	-7167.3	电信
470	-61	爱信	32 528	278	车辆与零部件
453	-60	长江和记实业	33 523	4684	专业零售
356	-59	中煤集团	41 997	1877	采矿、原油生产
400	-59	航天科工	37 371	2166.8	航天与防务
348	-57	沙钢集团	42 784	557.5	金属产品
224	-56	国际商业机器公司	60 530	1639	信息技术服务

续表

2023 年排名	排名变化	公司名称	营业收入（百万美元）	利润（百万美元）	行业
329	−56	民生银行	44 582	5243.1	银行：商业储蓄
407	−56	三菱电机	36 967	1580	电子、电气设备
279	−55	国机集团	51 126	−408.9	工业机械
302	−55	沃达丰集团	47 550	12 316	电信
355	−55	西班牙电话公司	42 063	2115	电信
497	−55	住友生命保险	31 218	1032.7	人寿与健康保险（互助）
148	−54	日本邮政	82 291	3184.7	人寿与健康保险（股份）
254	−53	力拓集团	55 554	12 420	采矿、原油生产
311	−53	百思买	46 298	1419	专业零售
131	−52	一汽集团	87 679	3846	车辆与零部件

资料来源：根据《财富》网站资料整理。

1.3.4　新入榜企业分析

2023 年，世界 500 强榜单新上榜 39 家企业，包括 25 家首次上榜企业和 14 家重新上榜企业。

分国别看，美国新上榜 13 家，中国新上榜 7 家，德国新上榜 4 家，加拿大新上榜 3 家，巴西、韩国分别上榜 2 家，丹麦、俄罗斯、法国、哥伦比亚、荷兰、墨西哥、西班牙、英国各新上榜 1 家企业。

分行业看，2023 年金融行业新上榜 4 家；互联网行业新上榜 2 家，均为首次上榜，分别是美团（位列 467 名）和 Uber Technologies 公司（位列 477 名）；能源行业新上榜 14 家，其中由于欧洲天然气价格飙升，德国 Uniper 公司重新上榜世界 500 强，在新上榜企业中排名第一，高居第 16 名；Energi Danmark 集团、HD 现代公司、HF Sinclair 公司、Vibra Energia 公司、Canadian Natural Resources 公司、通威集团、NRG Energy 公司均为首次上榜；在全球汽车市场电动化智能化转型的时刻，产业链中的相关企业正随之壮大，2023 年车辆与零部件行业新上榜 2 家企业，分别是戴姆勒卡车公司（位列 264 名）、宁德时代（位列 292 名）。2023 年新入榜企业情况见表 1-14。

表 1-14　　　　　　　　2023 年新入榜企业情况

序号	2023 年排名	公司名称	营业收入（百万美元）	利润（百万美元）	行业
1	16	Uniper 公司	288 309.20	−19 961.30	能源
2	264	戴姆勒卡车公司	53 581.90	2802.90	车辆与零部件
3	292	宁德时代	48 848.70	4568.2	车辆与零部件
4	293	Energi Danmark 集团	48 716.90	1250.50	能源
5	305	HD 现代公司	47 138.40	1091.20	炼油
6	306	PBF Energy 公司	46 830.30	2876.8	炼油
7	326	联合航空	44 955.00	737	航空
8	374	韩国天然气公司	40 069.20	1156.70	公用设施
9	387	HF Sinclair 公司	38 204.80	2922.7	炼油
10	392	Nutrien 公司	37 884.00	7660	食品生产
11	397	哥伦比亚国家石油公司	37 547.00	7434.7	采矿、原油生产
12	401	荷兰 GasTerra 能源公司	37 338.10	37.90	公用设施
13	405	西方石油公司	37 095.00	13 304.00	采矿、原油生产
14	406	巴西联邦储蓄银行	37 066.40	1893.70	银行：商业储蓄
15	414	广州工控	36 588.50	233.9	工业机械
16	416	赫伯罗特公司	36 330.60	17 911.6	船务
17	424	西班牙能源集团	35 723.00	1734.4	公用设施
18	427	广新集团	35 368.30	355.60	多元化金融
19	429	Vibra Energia 公司	35 154.60	297.80	炼油
20	432	陕西建工	34 735.30	391	工程与建筑
21	433	蒙特利尔银行	34 730.40	10 512.6	银行：商业储蓄
22	439	汉莎集团	34 466.10	831.9	航空
23	448	Magnit 公司	33 849.10	402.00	食品店和杂货店
24	449	华纳兄弟探索公司	33 817.00	−7371.00	娱乐

序号	2023 年排名	公司名称	营业收入（百万美元）	利润（百万美元）	行业
25	450	莱纳公司	33 671.00	4614.1	房屋建筑商
26	454	Fomento Económico Mexicano 公司	33 481.50	1189.1	饮料
27	455	D. R. Horton 公司	33 480.00	5857.5	房屋建筑商
28	458	Cheniere Energy 公司	33 428.00	1428.00	管道运输
29	462	博通公司	33 203.00	11 495	半导体、电子元件
30	467	美团	32 698.50	－994	互联网服务和零售
31	469	康帕斯集团	32 563.90	1420.70	食品：饮食服务业
32	471	Canadian Natural Resources 公司	32 503.20	8404.30	采矿、原油生产
33	475	Molina Healthcare 公司	31 974.00	792.00	保健：保险和管理医保
34	476	通威集团	31 944.40	1637.1	能源
35	477	Uber Technologies 公司	31 877.00	－9141.00	互联网服务和零售
36	479	立讯精密	31 817.40	1362.2	电子、电气设备
37	486	NRG Energy 公司	31 543.00	1221.00	能源
38	488	法国液化空气集团	31 483.30	2901.6	化学品
39	491	赛富时	31 352.00	208	计算机软件

资料来源：根据《财富》网站数据资料整理。

1.3.5 退榜企业分析

2023 年，世界 500 强榜单退榜企业共 39 家，分布在 16 个国家，其中中国 10 家，日本 6 家，英国 4 家，瑞士 3 家，德国、俄罗斯、法国、荷兰各 2 家，其余 8 个国家各退榜 1 家企业。分行业看，2023 年金融行业共有 14 家企业退榜，能源行业 4 家退榜，金属产品行业 3 家退榜，医疗保健行业 2 家退榜。2023 年退榜企业情况见表 1-15。

表 1－15   2023 年退榜企业情况

序号	2022 年排名	公司名称	行业
1	56	富腾公司	能源
2	67	卢克石油公司	炼油
3	118	俄罗斯石油公司	炼油
4	198	英杰华集团	人寿与健康保险（股份）
5	200	荷兰全球保险集团	人寿与健康保险（股份）
6	203	英国法通保险公司	人寿与健康保险（股份）
7	210	光大集团	银行：商业储蓄
8	222	英国劳埃德银行集团	银行：商业储蓄
9	228	法国达飞海运集团	船务
10	277	宏利金融	人寿与健康保险（股份）
11	288	友邦保险	人寿与健康保险（股份）
12	322	航天科技	航天与防务
13	332	山东钢铁集团	金属产品
14	337	德国中央合作银行	银行：商业储蓄
15	376	国泰金融	人寿与健康保险（股份）
16	391	爱克斯龙	公用设施
17	408	贺利氏控股集团	金属产品
18	426	菲尼克斯集团	人寿与健康保险（股份）
19	435	塔塔钢铁	金属产品
20	440	富邦金融	人寿与健康保险（股份）
21	444	佳能	计算机、办公设备
22	446	富士通	信息技术服务
23	447	云投集团	多元化金融
24	448	武田药品公司	制药
25	452	潍柴动力	工业机械
26	459	海亮集团	贸易
27	461	Investor 公司	多元化金融
28	471	Mercadona 公司	食品店和杂货店
29	476	住友电工	车辆与零部件

续表

序号	2022 年排名	公司名称	行业
30	480	东芝	电子、电气设备
31	487	格力电器	电子、电气设备
32	488	霍尔希姆公司	建材、玻璃
33	489	Medipal 公司	批发：保健
34	491	任仕达公司	多元化外包服务
35	493	Coles 集团	食品店和杂货店
36	494	瑞士信贷	银行：商业储蓄
37	497	瑞士 ABB 集团	工业机械
38	499	达能	食品：消费产品
39	500	优美科公司	化学品

资料来源：根据《财富》网站数据资料整理。

（本章撰写人：张佳颖、朱永娟　审核人：李有华）

2

2023 年世界 500 强
中国上榜企业情况

2.1　中国上榜企业基本情况分析

2.1.1　上榜企业变化分析

（1）基本情况。

中国上榜的 142 家企业中，内地 129 家、香港地区 6 家、台湾地区 7 家。内地上榜企业数量与上年持平，香港地区减少 1 家（友邦保险），台湾地区减少 2 家（富邦金融、国泰金融）。2001—2023 年中国上榜企业数量变化情况如图 2-1 所示。

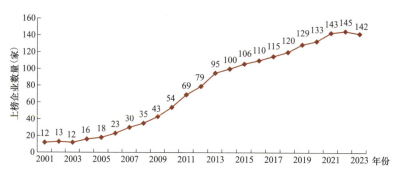

图 2-1　2001—2023 年中国上榜企业数量变化情况

资料来源：根据《财富》网站相关资料整理。

整体来看，世界 500 强中国上榜企业数量连续 5 年超过美国，表明中国经济长期向好的基本面没有改变。2023 年，中国上榜企业数量较上年减少 3 家，自 2003 年以来中国企业上榜数量首次出现下降。美国上榜企业 136 家，较上年增加 12 家。

（2）排名变化。

中国上榜企业排名下降的企业多于排名上升的企业。142 家上榜企业中，有 93 家名次下降，4 家名次不变，45 家名次提升。其中，排名下降幅度最大

（降幅超过 80 名）的 6 家企业分别为海螺集团、仁宝电脑、建龙集团、小米集团、寿康保险、首钢集团，其中 3 家为民营企业，2 家为地方国有企业，1 家为台湾企业。排名上升幅度最大（升幅超过 70 名）的 6 家企业分别为比亚迪、宁德时代、台湾中油、广州工控、广新集团、山西焦煤，其中有 2 家属于能源行业，2 家属于车辆与零部件行业，1 家属于工业机械行业，1 家属于金融行业。2023 年度中国上榜企业排名变化情况见表 2-1、表 2-2。

表 2-1　　2023 年度中国上榜企业排名降幅最大的企业（降幅超过 60 名）

序号	排序	上年排名	排名变化	公司名称	行业	企业性质
1	464	353	−111	海螺集团	建材、玻璃	地方国有企业
2	420	317	−103	仁宝电脑	计算机、办公设备	台湾企业
3	465	363	−102	建龙集团	金属产品	民营企业
4	360	266	−94	小米集团	电子、电气设备	民营企业
5	431	346	−85	泰康保险	人寿与健康保险（互助）	民营企业
6	410	328	−82	首钢集团	金属产品	地方国有企业
7	205	125	−80	绿地集团	房地产	地方国有企业
8	411	336	−75	杭钢集团	金属产品	地方国有企业
9	483	414	−69	中国航油	贸易	国资委管理中央企业
10	206	138	−68	碧桂园	房地产	民营企业
11	188	122	−66	东风汽车	车辆与零部件	国资委管理中央企业
12	283	217	−66	鞍钢集团	金属产品	国资委管理中央企业
13	478	416	−62	新华人寿	人寿与健康保险（股份）	财政部管理中央企业
14	453	393	−60	长江和记实业	专业零售	香港企业

资料来源：根据《财富》网站相关资料整理。

排名降幅最大的海螺集团于 2019 年首次上榜时排名 441 名，连续 5 年入选世界 500 强。2022 年，受全国水泥行业需求收缩影响，水泥熟料销量、售价双降，加上煤炭等能源价格大幅上涨推高生产成本，海螺集团收入和利润显著下降[3]。

表 2-2　　2023 年度中国上榜企业排名增幅最大的企业（升幅超过 70 名）

序号	排序	上年排名	排名变化	公司名称	行业	企业性质
1	212	436	224	比亚迪	车辆与零部件	民营企业
2	292	—	—	宁德时代	车辆与零部件	民营企业
3	378	475	97	台湾中油	炼油	台湾企业
4	414			广州工控	工业机械	地方国有企业
5	427	—	—	广新集团	多元化金融	地方国有企业
6	359	431	72	山西焦煤	采矿、原油生产	地方国有企业

资料来源：根据《财富》网站相关资料整理。

排名提升幅度最大的比亚迪 2022 年首次上榜时位居第 436 名，2023 年升至第 212 名，大幅提升 224 位。2022 年，比亚迪营业收入达到 4240.6 亿元，较上年同期增长 96.2%，业绩高增长主要来自新能源汽车业务的增长。在新能源汽车行业，比亚迪的竞争对手主要是特斯拉、上汽通用五菱、大众公司、宝马集团、奔驰集团等企业。2022 年，比亚迪全年销售 184.8 万辆新能源乘用车，销售量位居全球第一；特斯拉以 131.4 万辆销量退居全球第二；上汽通用五菱、大众公司、宝马集团分别位居新能源汽车全球销量第 3、4、5 名。

2.1.2　新入榜企业分析

2010 年以来，中国新增上榜企业占比不断攀升，2012 年升至 61.9%，此后占比呈波动状态。自 2021 年后，新增上榜企业中中国企业占比连续两年下降，从 2021 年的 40% 降至 2023 年的 17.9%。总体变化趋势如图 2-2 所示。

2023 年，中国新上榜 7 家企业中，包括 3 家地方国有企业（广州工控、广新集团、陕西建工），4 家民营企业（宁德时代、美团、通威集团、立讯精密）。7 家中国新上榜企业均属于不同行业，分别是车辆与零部件、工业机械、多元化金融、工程与建筑、互联网服务和零售、能源、电子及电气设备行业。2023 年世界 500 强中国新上榜企业名单见表 2-3。

图 2-2　2010—2023 年中国新上榜与世界新上榜企业数量变化情况

资料来源：根据《财富》网站相关资料整理。

表 2-3　　　　　　　　　　**2023 年世界 500 强中国新上榜企业名单**

序号	排序	公司名称	行业
1	292	宁德时代	车辆与零部件
2	414	广州工控	工业机械
3	427	广新集团	多元化金融
4	432	陕西建工	工程与建筑
5	467	美团	互联网服务和零售
6	476	通威集团	能源
7	479	立讯精密	电子、电气设备

资料来源：根据《财富》网站相关资料整理。

2.1.3　退榜企业分析

2023 年，中国退榜企业 10 家，包括光大集团、友邦保险、航天科技、山钢集团、国泰金融、富邦金融、云投集团、潍柴动力、海亮集团和格力电器，其中 5 家企业属于金融行业，2 家属于工业行业，1 家属于材料行业，1 家属于电子、电气设备行业，1 家属于消费行业。2023 年世界 500 强中国退榜企业名单见表 2-4。

表 2 - 4　　　　　　　　　　2023 年世界 500 强中国退榜企业名单

序号	2022 年世界 500 强排名	公司名称	行业
1	210	光大集团	银行：商业储蓄
2	288	友邦保险	人寿与健康保险（股份）
3	322	航天科技	航天与防务
4	332	山钢集团	金属产品
5	376	国泰金融	人寿与健康保险（股份）
6	440	富邦金融	人寿与健康保险（股份）
7	447	云投集团	多元化金融
8	452	潍柴动力	工业机械
9	459	海亮集团	贸易
10	487	格力电器	电子、电气设备

资料来源：根据《财富》网站相关资料整理。

2.1.4　上榜企业盈亏变化分析

2023 年，中国 142 家上榜企业中有 135 家实现盈利，占比 95.1%，盈利规模和盈利占比均为近 5 年次高。其中 46 家国务院国资委管理的上榜中央企业中 43 家实现盈利，盈利企业数量保持稳定，中国企业整体盈利状况不断向好，向高质量发展转型态势明显。2023 年中国盈利上榜企业情况如图 2 - 3 所示。

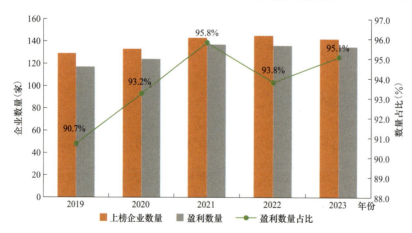

图 2 - 3　2019—2023 年中国盈利上榜企业占上榜企业的比重变化情况

资料来源：根据《财富》网站相关资料整理。

如表 2-5 所示，金融行业是盈利能力最强的行业，能源、信息技术及电信服务行业的盈利性也较强。上榜企业利润位列前十的企业中，有 5 家金融企业，中国石油、中国海油 2 家能源企业，台积公司、中国移动 2 家信息技术及电信服务企业。工商银行、建设银行、农业银行、中国银行四大行与招商银行的利润合计占中国上榜企业利润合计的 34.6%；工商银行利润约为中国移动和台积公司利润的总和。美国上榜企业利润位列前十的企业行业分布与中国有所不同，行业结构更加多元，其中金融、能源、互联网企业各 2 家，计算机和办公设备、计算机软件、邮政、制药企业各 1 家。

表 2-5　　　　　　　**2023 年中国上榜盈利前十企业情况**

序号	排序	公司名称	营业收入 （亿美元）	利润 （亿美元）	行业
1	28	工商银行	2147.7	535.9	金融
2	29	建设银行	2027.5	481.5	金融
3	32	农业银行	1870.6	385.2	金融
4	49	中国银行	1569.2	338.1	金融
5	168	台积公司	760.2	333.4	信息技术及电信服务
6	147	腾讯	824.4	279.8	互联网
7	5	中国石油	4830.2	210.8	能源
8	179	招商银行	723.2	205.2	金融
9	42	中国海油	1647.6	169.9	能源
10	62	中国移动	1396.0	147.2	信息技术及电信服务

资料来源：根据《财富》网站相关资料整理。

2023 年，中国上榜企业有 7 家出现亏损。亏损最多的企业为台湾中油，其次为美团。亏损企业中有 3 家为国务院国资委管理的中央企业，3 家为民营企业，1 家为台湾企业。中国上榜亏损企业具体情况见表 2-6。

表 2-6　　　　　　　**2023 年中国上榜亏损企业情况表**

序号	排序	公司名称	营业收入 （亿美元）	利润 （亿美元）	行业
1	378	台湾中油	394.3	-63.0	能源

续表

序号	排序	公司名称	营业收入 (亿美元)	利润 (亿美元)	行业
2	467	美团	327.0	−9.9	互联网
3	206	碧桂园	639.8	−9.0	金融
4	368	中国电子	403.3	−5.0	信息技术及电信服务
5	279	国机集团	511.3	−4.1	工业
6	244	恒逸集团	573.3	−1.5	材料
7	38	中国中化	1738.3	−0.01	材料

资料来源：根据《财富》网站相关资料整理。

台湾中油是台湾地区最大的石油公司，成立于 20 世纪 40 年代中期，业务涵盖石油与天然气的探勘、开发、炼制、输储与销售，以及石油化学原料的生产供应。台湾中油于 1996 年首次登上榜单，500 强排名常年维持在 300～400 名。2022 年，受俄乌战争影响，全球天然气及原油价格大幅上涨，为稳定物价，天然气售价仅覆盖部分成本，导致台湾中油亏损[4]。

2003 年盈利榜单前十名中有 5 家金融企业、2 家能源企业，2 家电信企业、1 家贸易企业；2013 年盈利水平较高的企业主要属于金融行业和能源行业；2023 年，除了金融行业上榜数量依旧名列前茅外，盈利前十企业中还增加了半导体及电子元件企业。2003、2013、2023 年榜单中国上榜企业盈利前十企业和亏损企业见表 2-7 和表 2-8。

表 2-7　　2003、2013、2023 年榜单中国上榜企业盈利前十

排名	2003 年	所在行业	2013 年	所在行业	2023 年	所在行业
1	中国石油	炼油	工商银行	银行：商业储蓄	工商银行	银行：商业储蓄
2	中国移动	电信	建设银行	银行：商业储蓄	建设银行	银行：商业储蓄
3	中国银行	银行：商业储蓄	农业银行	银行：商业储蓄	农业银行	银行：商业储蓄
4	中国电信	电信	中国银行	银行：商业储蓄	中国银行	银行：商业储蓄

续表

排名	2003 年	所在行业	2013 年	所在行业	2023 年	所在行业
5	工商银行	银行：商业储蓄	中国石油	炼油	台积公司	半导体、电子元件
6	建设银行	银行：商业储蓄	国家电网	公用设施	腾讯	互联网服务和零售
7	中国石化	炼油	中国移动	电信	中国石油	炼油
8	国泰人寿	人寿与健康保险（股份）	交通银行	银行：商业储蓄	招商银行	银行：商业储蓄
9	农业银行	银行：商业储蓄	中国石化	炼油	中国海油	采矿、原油生产
10	中粮集团	贸易	中国海油	采矿、原油生产	中国移动	电信

资料来源：根据《财富》网站相关资料整理。

表 2 - 8　　　　　　**2003、2013、2023 年榜单中国上榜亏损企业**

排名	2003 年	所在行业	2013 年	所在行业	2023 年	所在行业
1	—	—	中国人寿	人寿与健康保险（股份）	台湾中油	炼油
2	—	—	鞍钢集团	金属产品	美团	互联网服务和零售
3	—	—	中冶集团	工程与建筑	碧桂园	房地产
4	—	—	中国铝业	金属产品	中国电子	电子、电气设备
5	—	—	河南煤化集团	采矿、原油生产	国机集团	工业机械
6	—	—	中远集团海运集团	船务	恒逸集团	化学品
7	—	—	中国化工	化学品	中国中化	化学品
8	—	—	河钢集团	金属产品	—	—
9	—	—	中国大唐	能源	—	—
10	—	—	大同煤矿	采矿、原油生产	—	—

资料来源：根据《财富》网站相关资料整理。

注　2003 年中国共有 12 家企业上榜，无一亏损。

2.2 中国上榜企业行业分析

伴随中国经济发展与产业变迁，中国上榜企业所在行业日趋多元，如图 2-4 所示，2001 年中国上榜企业仅分布在电信、公共设施、金属产品、炼油、商业储蓄银行、零售行业等 6 个行业；2013 年上升至 29 个行业；2023 年上升至 32 个行业，是 2001 年的 5 倍多，占世界 500 强榜单行业总数的 58.2%，尤以金属产品（18 家）、工程与建筑（13 家）、采矿及原油生产（9 家）、车辆与零部件（9 家）、商业储蓄银行（9 家）最为集中。上榜行业数量的显著提升，表明中国逐步形成较为全面的大国产业体系，一批大型企业和企业集团已经达到或接近世界先进水平。同时，上榜企业涉及人民群众生活生产的行业领域逐渐增多，中国从满足人民日益增长的美好生活需要出发布局和优化产业结构，促进产业体系更好适应经济转型，推动中国产业体系逐渐向着高附加值、创新性、再生性、生态性、系统性、规模性、精准性的现代产业体系不断迈进，在国内外市场的竞争力不断增强[5]。

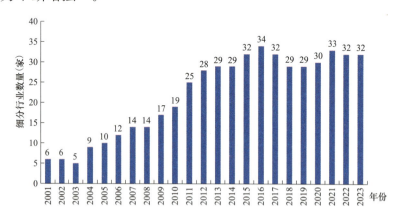

图 2-4 2001－2023 年中国上榜企业所涉世界 500 强榜单

细分行业数量变化

资料来源：根据《财富》网站相关资料整理。

2.2.1 金融行业分析

2010年以来，中国上榜金融企业营业收入占比从6.5％上升至26.4％，中位数为19.6％；净利润占比从34％升至39.7％，中位数为33.8％；金融企业最高排名从87位上升至28位，表明十多年以来中国金融企业在全球金融领域的竞争力不断增强。2010—2023年中国上榜金融企业在全球行业占比及排名如图2-5所示。

图2-5 2010—2023年中国上榜金融企业在全球行业占比及排名

资料来源：根据《财富》网站相关资料整理。

2010年以来，中国金融业发展取得举世瞩目的成就，银行业保险业实现新的跨越式发展，资本市场服务实体经济的广度深度显著拓展。伴随国家倡导金融服务实体企业发展，引导资金"脱虚向实"，如图2-6所示，中国上榜金融企业利润占比在2014年达到高点后逐年下降，2023年占比基本降至10年前水平；营业收入占比从2016年的20.7％降至2023年的17％，为2014年来最低。2015年之后，针对中国经济"脱实向虚"现象，国家出台相关金融政策，推动降低企业经营成本、资金获取难度、提高企业生产率，金融支持实体经济实现高质量发展、推动经济"脱虚向实"的效果不断凸显，金融与实体经济良性循环逐步形成[6]。

图 2-6　2010—2023 年中国上榜金融企业营业收入及净利润占中国上榜企业的比重变化

资料来源：根据《财富》网站相关资料整理。

2.2.2　能源行业分析

如图 2-7 所示，从营业收入看，中国上榜能源企业营业收入呈波动上升态势，从 2010 年的 0.74 万亿美元增至 2023 年的 2.64 万亿美元；近 3 年营业收入占比从 2021 年的 35.5％降至 2023 年的 27.5％。美国上榜能源企业营业收入从 2010 年的 0.79 万亿美元降至 2021 年的 0.52 万亿美元，2023 年回升至 1.48 万亿美元，近 3 年营业收入占比在 10％以上。

图 2-7　2010—2023 年中国能源企业营业收入及占全球上榜能源企业营业收入比重变化

资料来源：根据《财富》网站相关资料整理。

2023 年，中国上榜的 20 家能源企业中，包括 11 家炼油、采矿与原油生产行业企业，7 家电力企业，1 家新能源企业，1 家核工业企业。整体来看，美国上榜能源企业的平均效益水平明显高于中国以及世界 500 强平均水平。2023 年中国上榜能源（炼油、采矿与原油生产等）企业在收入增长率明显降低的情况下，利润增长保持着一定良好势头，销售利润率有所回升。表 2-9 列示了 2023 年中国、美国与世界 500 强上榜能源企业平均收益情况。

表 2-9　　　2023 年中国、美国与世界 500 强上榜能源企业平均效益水平比较

年度	销售利润率			收入增长率		
	中国	美国	500 强平均	中国	美国	500 强平均
2019	1.4%	5.5%	4.7%	14.9%	22.9%	15.9%
2020	1.4%	5.4%	3.5%	1.3%	-2.6%	-2.2%
2021	1.6%	-5.3%	0.2%	15.6%	-30.2%	3.7%
2022	0.6%	6.0%	5.7%	29.9%	69.8%	50.2%
2023	1.6%	11.4%	6.5%	14.6%	57.1%	36.0%

资料来源：根据《财富》网站相关资料整理。

2.2.3　互联网行业分析

2023 年，中国有 5 家互联网企业上榜，占互联网企业上榜总数的半数以上，上榜企业分别为京东、阿里巴巴、腾讯、小米集团和美团。除美团首次入榜外，其他 4 家互联网企业排名较上年分别下降 6、13、26、94 位，平均排名为 219 名，平均排名下降 106 位，平均收入增长率为 10.7%，平均收入利润率为 5.9%、平均资产负债率为 51.4%。从收入增长率看，仅美团、京东的收入较上年有所增长，分别为 17.7%、5.4%，其他互联网企业收入较上年均有不同程度的下降。利润增长率最高的是阿里巴巴，为 9.5%；收入利润率最高的是腾讯，为 33.9%。

2023 年上榜的 9 家互联网企业中，除中国的 5 家企业外，其余 4 家均为美国企业，分别是亚马逊、Alphabet 公司、Meta Platforms 公司和 Uber Technologies 公司，其中 Uber Technologies 公司首次入榜。4 家企业平均排名为 145 名，平均排名提升 11 名，平均收入增长率为 25.2%，平均收入利润率为 3.0%，平均资产负债率为 51.9%。其中，收入增长率最高的是 Uber Technologies 公司，为 82.6%；收入利润率最高的是 Alphabet 公司，为 21.2%；4 家企业的利润增长率均有不同程度的下降，其中亚马逊利润增长率下降最多，为 −108.2%。

总体来看，2023 年美国互联网企业排名比中国互联网企业排名靠前，平均收入利润率和收入增长率更高。2019—2023 年中国上榜互联网企业部分财务指标情况见表 2‑10。

表 2‑10　　　　2019—2023 年中国上榜互联网企业部分财务指标

年度	收入利润率		收入增长率	
	中国	美国	中国	美国
2019	17.4%	17.1%	37.2%	30.6%
2020	16.1%	20.5%	20.5%	21.8%
2021	18.7%	23.3%	27.7%	24.0%
2022	17.6%	3.0%	32.8%	33.4%
2023	5.9%	17.1%	10.7%	25.2%

资料来源：根据《财富》网站相关资料整理。

2.2.4　车辆与零部件行业分析

2023 年，中国有 8 家车辆与零部件行业企业上榜❶，分别为上汽集团、一汽集团、广汽集团、东风汽车、北汽集团、比亚迪、吉利控股集团、宁德时代。8 家企业排名分别为第 84、131、165、188、193、212、225、292 名。与上年相比，上汽集团、一汽集团、东风汽车、北汽集团分别下降 16、52、66、31 位；广汽集团、比亚迪、吉利控股集团较上年分别提升 21、224、4 位。

---

❶ 500 强榜单中将香港怡和集团归为"车辆与零部件"行业，经分析其业务结构，本文将香港怡和集团归为综合性多元化的商业集团，此处分析不将其作为汽车行业。

宁德时代净资产收益率最高，为 19.2％；一汽集团负债率最低，为 57.1％；北汽集团负债率较高，为 85.4％。2019－2023 年中国上榜车辆与零部件行业利润变化情况如图 2-8 所示。

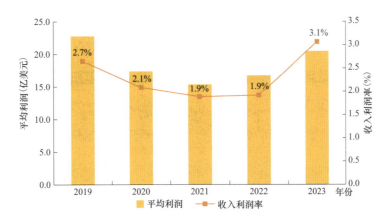

图 2-8　2019－2023 年中国车辆与零部件行业上榜企业利润变化情况

资料来源：根据《财富》网站相关资料整理。

2001 年加入世界贸易组织时，中国没有汽车企业的规模达到上榜标准，2023 年世界 500 强排行榜上有了 8 家中国汽车企业，标志着中国企业实现新能源车技术创新与突破，以比亚迪和宁德时代为例，2023 年，比亚迪排名从 2022 年的第 436 位跃升到 2023 年的第 212 位，宁德时代首次进入世界 500 强排行榜，位列第 292 位。

2.3　中国上榜企业所有制结构分析

自 2001 年起，国有企业数量保持上升趋势，民营企业自 2008 年起迅速崛起。2023 年上榜的 97 家国有企业中，中央企业 57 家（含华润集团、招商局集团、太平保险，航天科技、光大集团退榜），地方国有企业 40 家（广州工控、广新集团、陕西建工首次上榜，山钢集团、云投集团、潍柴动力退榜），总体上表现出国民共进的良好发展趋势。2001－2023 年中国上榜国有企业、民营企业数量变化趋势如图 2-9 所示。

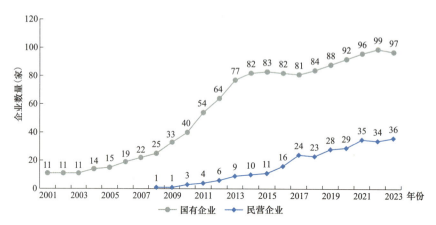

图 2-9　2001—2023 年中国上榜国有企业、民营企业数量变化趋势

资料来源：根据《财富》网站相关资料整理。

2.3.1　中央企业上榜情况分析

（1）中央企业基本情况。

2023 年中央企业上榜 57 家（含华润集团、招商局集团、太平保险），在中国上榜企业中数量占优、排名靠前，领跑态势明显。上榜中央企业中，国务院国资委管理 46 家，财政部管理 11 家，上榜企业数量较上年减少 2 家（航天科技、光大集团退榜）。中国进入 500 强排名前 10 名与盈利前 10 名的均为中央企业；排名前 100 的 31 家企业中，23 家为中央企业。

从营业收入看，57 家中央企业收入合计 6.69 万亿美元，相当于 2022 年中国 GDP 的 37.3%。国家电网（5300 亿美元）、中国石油（4830 亿美元）、中国石化（4712 亿美元）收入之和占上榜中央企业总收入的 22.2%。从盈利看，57 家中央企业利润合计 3740 亿美元，其中工商银行、建设银行、农业银行、中国银行利润合计 1741 亿美元，占 46.5%；石油行业利润 477 亿美元，占 12.8%；电力行业利润 185 亿美元，占 4.9%。从排名看，10 家企业排名上升，3 家企业排名不变，44 家企业排名下降，上升幅度最大的 5 家企业是中国海油、中国大唐、中国能建、中远集团、国家能源集团；降幅最大的 6 家企业是中国航油、鞍钢集团、东风汽车、新华保险、中煤集团、航天科工。

（2）中央企业经营指标情况分析。

中央企业收入利润率高于中国上榜企业平均水平，与 500 强平均水平、美国上榜企业平均水平差距缩小。上榜中央企业平均收入利润率 4.94%，比 2022 年提高 0.1 个百分点，高于中国上榜企业 0.97 个百分点；与 500 强平均水平差距由 3.07 个百分点缩小到 1.87 个百分点；与美国上榜企业平均水平差距由 6.43 个百分点缩小到 3.84 个百分点。招商银行、工商银行、建设银行、中国银行、农业银行收入利润率超过 20%。非金融中央企业中，招商局集团收入利润率最高，为 11.6%。2 家中央企业收入利润率为负，中国电子为 −1.2%、国机集团为 −0.8%。

中央企业资产负债率略高于中国上榜企业平均水平、500 强企业平均水平和美国上榜企业平均水平。上榜中央企业平均资产负债率 81.08%，比中国上榜企业、500 强、美国上榜企业平均水平分别高 0.02、0.06、0.04 个百分点。中国移动、中国海油、中国石油、中国航油、国家电网、一汽集团等 6 家企业低于 60%。资产负债率在 90% 以上的企业有 22 家，同比减少 2 家。

中央企业收入增长率低于中国上榜企业平均水平、500 强企业平均水平和美国上榜企业平均水平。

上榜中央企业平均收入增长率 1.02%，比中国上榜企业、500 强、美国上榜企业平均水平分别低 3.63、11.29、17.48 个百分点。中国海油（29.8%）收入增长率超过 20%；中国石油（17.4%）、中国石化（17.3%）、国家电网（15.1%）、国家能源集团（13.5%）、中远集团（10.8%）收入增长率超过 10%；20 家中央企业收入增长率为负，其中东风汽车（−20.6%）收入增长率下降超过 20%，6 家中央企业收入增长率下降超过 10%，分别为一汽集团（−19.9%）、鞍钢集团（−15.8%）、国药集团（−13.5%）、中国建材（−12.3%）、国机集团（−11%）、中煤集团（−10%）。

(3) 世界一流示范企业的同业对标。

国务院国资委选取主营业务突出、竞争优势明显的 10 家中央企业作为世界一流建设示范企业（三峡集团、中广核未上榜 500 强）。从综合规模实力、业务范围、行业影响力等维度选取世界 500 强排名靠前的同行业国际知名企业进行年度对标，得出如下结论：在石油、电网、工程与建筑、航天与防务、电信行业等，中国示范企业在经营实力上具有优势，国家电网、中国石油、中国建筑等领先国际同业；但在工业机械、航天科技等领域，中国中车、航天科技排名仍与美国、欧洲上榜企业存在一定差距。部分国务院国资委示范企业与 500 强同行业最优水平比较情况见表 2 - 11。

表 2 - 11　　部分国务院国资委示范企业与 500 强行业最优水平比较

十家示范企业	行业	2023 年排名	营业收入（亿美元）	行业最优	2023 年排名	营业收入（亿美元）
航天科技	航天与防务	400	373.7	波音	197	666.1
中国石油	炼油	5	4860.2	英国石油	22	2488.9
国家能源集团	采矿、原油生产	76	1215.8	沙特阿美	2	6037.5
国家电网	公用设施	3	5300	国家电网	3	5300
三峡集团	能源	—	—	Engie 集团	89	1091.7
中广核	能源	—	—	Engie 集团	89	1091.7
中国移动	电信	62	1396	美国电话电报公司	78	1207.4
中航集团	航天与防务	150	816.7	洛克希德	199	659.8
中国建筑	工程与建筑	13	3058.8	万喜集团	202	657.5
中国中车	工业机械	434	347	通用电气	167	765.6

资料来源：根据《财富》网站相关资料整理。

2.3.2　地方国有企业上榜情况分析

40 家地方国有企业上榜，数量与上年持平。其中：上海、广东各 6 家，福建 5 家，山西、陕西、浙江各 3 家，安徽、北京、山东、四川各 2 家，甘肃、广西、河北、湖南、江西、新疆各 1 家。排名前三的是厦门建发（第 69 位）、山东能源集团（第72位）、上汽集团（第84位）。3家企业首次上榜，分别是广州工控、广新集团、陕西建工。自2004年以来地方国有企业上榜数量变化如图2-10所示。

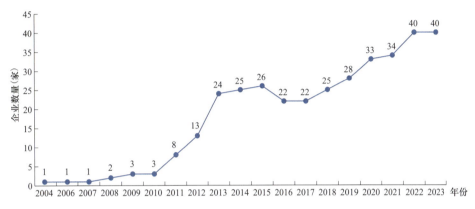

图2-10　2004—2023年中国上榜地方国有企业数量变化情况

资料来源：根据《财富》网站相关资料整理。

从排名看，2023年，中国上榜地方国有企业排名最高为厦门建发，位列第69位；最低为广西投资，位列第495位。上榜地方国有企业平均排名308位，较上年下降12位。排名提升幅度最大的前五家企业为广州工控、广新集团、山西焦煤、陕西建工、金川集团，分别较上年提升86、73、72、68、50位。有23家地方国有企业排名较上年下降，其中排名下降幅度最大的前五家企业为安徽海螺、首钢集团、绿地集团、杭钢集团、广西投资，分别较上年下降111、82、80、75、50位。

从收入看，2023年，中国上榜地方国有企业收入同比增长1.9%，平均收入利润率为2.1%，较上年同比下降0.2个百分点。平均资产负债率为84.4%，较上年增加0.8个百分点，处于较高水平。40家上榜企业全部实现盈利。相较于2022年，山西焦煤、晋能控股（原大同煤矿）、潞安化工实现扭亏，净利润分别从-4.3亿、-3.4亿、-2.7亿美元上升至3.5亿、3.6亿、0.9亿美元。

　　从盈利看，2023 年，40 家地方国有企业利润合计 458.4 亿美元，同比下降 8.5％。净利润率超过 5％的 4 家地方国有企业为兴业银行、浦发银行、紫金矿业、太平洋保险，分别为 22.3％、14.1％、7.4％、5.4％。根据榜单披露的归属于母公司所有者权益计算国有资本保值增值率，2023 年地方国有企业平均国有资本保值增值率为 95.4％，较上年下降 30.1 个百分点，比中央企业低 1.9 个百分点。2009－2023 年中央企业与地方国有企业资本保值增值率见图 2-11。

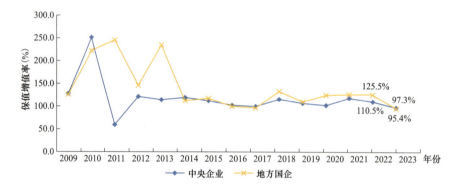

图 2-11　中央企业与地方国有企业国有资本保值增值率变动情况

资料来源：根据《财富》网站相关资料整理。

　　从人均营业收入看，排名最高的 6 家地方国有企业为象屿集团、物产中大、厦门国贸、杭州钢铁、厦门建发、江西铜业集团，人均营业收入均超过 200 万美元。其中，象屿集团人均营业收入为 544.4 万美元，在中国上榜企业中位列第一；晋能控股、山西焦煤、潞安化工人均营业收入低于 30 万美元，在上榜地方国有企业中排名最后。

　　从地域分布看，40 家上榜地方国有企业中，上海 6 家，分别是上汽集团、太平洋保险、绿地集团、浦发银行、上海建工、上海医药，总数位居各省市首位；广东 6 家，分别是广汽工业、广州建筑、广州工控、广州医药、广新集团、深圳投资；福建 5 家，分别是紫金矿业、兴业银行、象屿集团、厦门国贸、厦门建发；陕西 3 家，分别是延长石油、陕西建工、陕西煤化；山西 3 家，分别是晋能控股、山西焦煤、潞安化工；安徽 2 家，分别是海螺集团、铜陵有色；北京、四川、山东各 2 家，江西、甘肃、广西、河北、新疆、湖南各 1 家。总体来看，中国内部上榜企业集中在东部地区，反映出东部地区经济发展区位优势突出，中西部也有海螺集团、陕西建工、延长石油、新疆中泰、金川集团等企业上榜，表明随着一系列国家区域战略发展政策的落地，中西部地区国有企业的发展潜力正在不断释放。

从行业分布看，相较于 2019 年上榜地方国有企业以煤炭、钢铁等重资产产业为主，2023 年上榜企业产业分布更加多元，受联合重组等影响，地方国有企业上榜能源企业数量明显下降，新增金融、制药、施工、运输类企业。比较结果见表 2 - 12。

表 2 - 12　　　　地方国有企业行业及上榜企业数量分布情况

行业分布	2023 年	2019 年
采矿、原油生产	6	11
车辆与零部件	3	3
多元化金融	3	—
房地产	1	1
工程与建筑	5	—
工业机械	1	—
化学品	1	—
建材、玻璃	1	1
金属产品	8	1
贸易	4	1
批发：保健	1	—
人寿与健康保险（股份）	1	1
银行：商业储蓄	2	1
运输及物流	2	—
制药	1	—

资料来源：根据《财富》网站相关资料整理。

2.3.3　民营企业上榜情况分析

2023 年，中国有 36 家内地民营企业上榜，新上榜企业 4 家。其中位居榜单前 100 名的有 3 家，第 101～200 名的有 8 家，第 201～300 名的有 9 家，第 301～400 名的有 7 家，第 401～500 名的有 9 家。中国平安、京东、阿里巴巴位列前三位，分别位居第 33、52、68 名，分别比 2022 年下降 8、6、13 位。宁德时代（第 208 名）、美团（467 名）、通威集团（第 476 名）、立讯精密（第 479 名）新上榜，海亮集团、格力电器退榜。自 2004 年以来地方国有企业上榜数量变化如图 2-12 所示。

图 2-12　2008－2023 年中国上榜民营企业数量变化情况

资料来源：根据《财富》网站相关资料整理。

从排名看，2023 年，中国上榜民营企业最高排名为中国平安保险，位列第 33 位；最低排名为广汇集团，位列第 500 位。上榜民营企业平均排名 276 位，较上年下降 28 位。排名提升幅度最大的前 5 家企业为魏桥创业、通威集团、立讯精密、恒逸集团、盛虹控股，分别较上年提升 27、24、21、20、19 位。有 15 家民营企业排名较上年下降，其中排名下降幅度最大的前五家企业为恒力集团、正威国际、广汇集团、联想集团、美的集团，分别较上年下降 48、48、47、46、33 位。

从收入看，2023 年，中国上榜民营企业收入同比增长 3%，平均收入利润率为 4.1%，较上年同比下降 1.6 个百分点。

从盈利看，2023 年，36 家民营企业利润合计 1030.6 亿美元，同比下降

25.7%。净利润率排名前 5 名的民营企业有腾讯（33.9%）、民生银行（11.8%）、龙湖集团（9.7%）、宁德时代（9.4%）、美的集团（8.5%）。

从人均营业收入看，排名最高的 7 家民营企业为正威国际、荣盛集团、恒逸集团、盛虹集团、敬业集团、小米集团、龙湖集团，人均营业收入均超过 100 万美元。正威国际人均营业收入为 390.5 万美元，在中国上榜企业中位列第一。比亚迪、立讯精密、顺丰控股、太平洋建设人均营业收入低于 30 万美元，在上榜民营企业中排名最后。

从地域分布看，36 家上榜民营企业主要分布在 10 个省份、16 个城市（按照总部所在地统计）和 1 个特别行政区（香港）。其中，广东 10 家，总数位居各省市首位，北京 7 家，浙江 5 家，江苏 3 家，山东、上海、四川、新疆各 2 家，福建、河北、香港各 1 家。

从行业分布看，相较于国有企业，民营企业在第三产业发力明显。2008 年，以计算机、办公设备为主营业务的联想集团首次上榜；2015 年，上榜民营企业分布在 11 个行业；2023 年，上榜民营分布在 17 个行业，多元趋势明显（见图 2 - 13）。

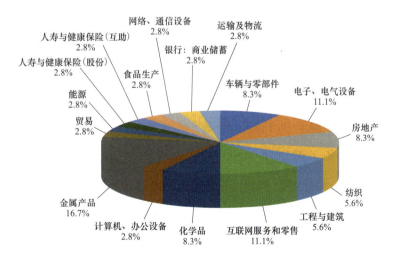

图 2 - 13　2023 年中国上榜民营企业行业分布情况

资料来源：根据《财富》网站相关资料整理。

2.4　中美头部企业发展情况

从分布行业看，2023 年世界 500 强中国上榜企业前 20 强中，金融行业 6 家，建筑行业 4 家，能源行业 3 家，金属产品 2 家，电信、电子及电气设备、公用设施、互联网服务和零售、化学品各 1 家。美国上榜企业前 20 强中，能源行业 5 家，医疗保健 5 家，金融 2 家，互联网服务和零售 2 家，综合商业及零售 3 家，车辆与零部件、计算机及办公设备、计算机软件各 1 家。对比分析可发现，中国上榜企业主要集中在基础设施建设、能源资源、金融行业等传统领域，且以国有企业为主；而美国上榜头部企业分布更加多元，消费、互联网、医疗保健、线上零售、高端设备制造的龙头企业仍然在美国，综合竞争优势明显，如表 2-13 所示。

从效益指标看，2023 年世界 500 强中国上榜前 20 强企业平均营业收入增长率、利润增长率、净利率、净资产收益率分别为 5.9％、20.2％、7.0％、9.3％，尤其以金融、能源行业经营指标最高；相比较而言，美国上榜前 20 强企业平均营业收入增长率、利润增长率、净利率、资产收益率均高于中国头部企业平均水平，分别为 19.3％、91.5％、7.5％、38.2％，有 13 家企业利润同比上升，其中利润增幅超过 100％的有瓦莱罗能源公司（1139.6％）、Phillips 66 公司（737.1％）、麦克森公司（219.6％）、埃克森美孚（141.9％）。

值得注意的是，除了麦克森公司属于医疗保健行业，其他的 3 家公司均属于炼油行业。2022 年，俄乌冲突加剧全球能源危机，各种超预期因素叠加导致国际油气市场剧烈波动、价格大幅上涨。其中，西得克萨斯中级（WTI）原油、布伦特原油期货全年平均结算价格分别为 94.30 美元/桶、99.04 美元/桶，较上年分别增长 38.5％、39.6％[7]，受此影响，油气企业经营业绩齐创新高，导致利润同比大幅增长。

当前，世界百年未有之大变局加速演进，新一轮新科技革命和产业变革深入发展，战略机遇与风险挑战并存，掌握关键技术、具备全球竞争优势、拥有世界知名品牌和全球影响力的世界一流企业建设任重道远，与美国相比，中国上榜企业在质量效益指标方面仍有提升空间。2023 年，中国头部上榜企业在收入增长率、利润增长率、净利率、净资产收益率上与美国头部企业有着明显差距，上榜企业主要集中在采矿与原油生产、工程建筑等传统领域，高产业附加值的新兴产业与美国还存在着一定差距，企业发展由"大"到"强"任务依然艰巨。

表 2 - 13　　　　美国和中国头部企业（前 20 名）企业情况对比

中国头部企业（前 20 名）						
排名	公司名称	行业	营业收入增长率（%）	利润增长率（%）	净利率（%）	净资产收益率（%）
2	国家电网	公用设施	0.7	− 30	1.4	0.8
4	中国石油	炼油	− 25.1	3	1.6	0.7
5	中国石化	炼油	− 30.3	− 8.7	2.2	1.8
13	中国建筑	工程与建筑	13.9	7.4	1.5	1.1
16	中国平安	人寿与健康保险（股份）	3.9	− 4.1	10.8	1.4
20	工商银行	银行：商业储蓄	3.2	1.3	25	0.9
22	鸿海精密	电子、电气设备	5.3	− 7.3	1.9	2.6
25	建设银行	银行：商业储蓄	8.3	1.7	22.8	0.9
29	农业银行	银行：商业储蓄	4.5	1.9	20.3	0.9
32	中国人寿	人寿与健康保险（股份）	10.2	− 0.3	3.2	0.6
35	中国铁路工程	工程与建筑	14.6	6.7	1.2	0.9
39	中国银行	银行：商业储蓄	− 0.8	3	20.9	0.7
42	中国铁道建筑集	工程与建筑	9.7	9.3	1.1	0.8
44	华为投资控股	网络、通信设备	3.9	3.3	7.2	7
56	中国移动	电信	3	6.4	11.6	4.2
59	京东	互联网服务和零售	29.4	306	6.6	11.1
60	上汽集团	车辆与零部件	− 11.9	− 20.1	2.8	2.1
61	中国交通	工程与建筑	12.4	− 12.6	1.1	0.4
63	阿里巴巴	互联网服务和零售	44.7	3.6	21	8.6
65	中国五矿	金属产品	15.5	113.4	0.5	0.3

续表

排名	公司名称	行业	营业收入增长率（%）	利润增长率（%）	净利率（%）	资产收益率（%）
美国头部企业（前 20 名）						
1	沃尔玛	综合商业	6.7	-9.2	2.4	5.4
3	亚马逊	互联网服务和零售	37.6	84.1	5.5	6.6
6	苹果公司	计算机、办公设备	5.5	3.9	20.9	17.7
7	CVS Health 公司	保健：药品和其他服务	4.6	8.2	2.7	3.1
8	联合健康集团	保健：保险和管理医保	6.2	11.3	6	7.8
11	伯克希尔 - 哈萨维	财产与意外保险（股份）	-3.6	-47.8	17.3	4.9
12	麦克森公司	批发：保健	3.1	-604.3	-1.9	-7
17	美源伯根公司	批发：保健	5.7	-498.5	-1.8	-7.7
21	Alphabet 公司	互联网服务和零售	12.8	17.3	22.1	12.6
23	埃克森美孚	炼油	-31.5	-256.5	-12.4	-6.7
26	美国电话电报公司	电信	-5.2	-137.2	-3	-1
27	开市客	综合商业	9.2	9.4	2.4	7.2
28	信诺	保健：药品和其他服务	4.5	65.7	5.3	5.4
30	嘉德诺	批发：保健	5.1	-371.2	-2.4	-9.1
33	微软	计算机软件	13.6	12.8	31	14.7
36	沃博联	食品店和杂货店	2	-88.5	0.3	0.5
40	克罗格	食品店和杂货店	8.4	55.8	2	5.3
41	家得宝	专业零售	19.9	14.4	9.7	18.2
43	摩根大通公司	银行：商业储蓄	-9.1	-20	22.5	0.9
45	威瑞森电信	电信	-2.7	-7.6	13.9	5.6

资料来源：根据《财富》网站相关资料整理。

（本章撰写人：张佳颖、罗少东 审核人：李有华）

3

2023 年世界 500 强上榜电力企业情况

3.1　上榜电力企业基本情况

2023 年上榜电力企业数量减少，整体效益有所下滑。自 2015 年全球上榜电力企业数量达到峰值之后，伴随能源电力清洁绿色转型发展，全球电力企业并购重组行动频繁，上榜电力企业数量呈逐渐缩减趋势。2001—2023 年上榜电力企业数量变动情况见图 3-1。

图 3-1　2001—2023 年上榜电力企业数量变动情况

资料来源：根据《财富》网站数据资料整理。

2023 年全球共有 17 家电力企业上榜，较上年减少 1 家，其中中国上榜电力企业数量与 2022 年持平。上榜电力企业整体收入较上年增长 26.5%，利润较上年降低 176.4%。其中，2 家企业的营业收入、利润同比出现下降，东京电力、法国电力出现亏损，国家电投、中国大唐扭亏。2001—2023 年上榜电力企业营业收入及收入利润率变动情况见图 3-2。

2023 年，在全球 17 家上榜电力企业中，排名最高为国家电网，其营业收入、利润、资产和股东权益规模均位列首位，整体榜单排名与上年持平；上榜电力企业数量最多为中国，有 7 家；上榜电力企业中收入利润率最高的为伊维尔德罗拉，为 8%；2023 年，进入榜单前 100 排名的电力企业有 8 家，相较于 2022 年数量增加 2 家，其中富腾公司退出榜单，Uniper 公司、意昂集团、

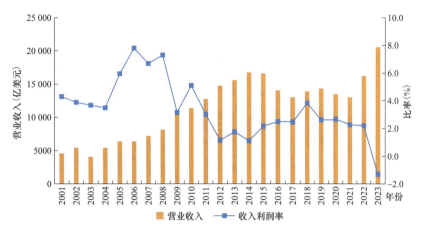

图 3-2 2001—2023 年上榜电力企业营业收入及收入利润率变动情况

资料来源：根据《财富》网站数据资料整理。

Engie 集团重新进入榜单前 100 名。富腾公司、韩国电力退出上榜电力前 10 名，Uniper 公司、巴登－符滕堡州能源公司则进入电力榜单前 10 名。2023 年上榜电力企业基本情况见表 3-1。

表 3-1   2023 年上榜电力企业基本情况

2023 年排名	2022 年排名	排名变化	公司名称	国家地区	营业收入（亿美元）	利润（亿美元）	资产（亿美元）	员工数（万人）	股东权益（亿美元）
3	3	0	国家电网	中国	5300.1	81.9	2343.3	6.5	305.8
16	—	484	Uniper 公司	德国	2883.1	－199.6	1231.6	8.9	133.4
55	95	40	法国电力	法国	1509.0	－188.7	741.6	2.5	95.6
59	90	31	意大利电力	意大利	1477.9	17.7	1021.8	3.8	233.2
73	112	39	意昂集团	德国	1216.5	19.3	1866.6	4.9	322.3
76	85	9	国家能源集团	中国	1215.8	57.0	1660.3	27.1	603.8
83	89	6	南方电网	中国	1136.7	15.2	2293.4	12.3	270.5
89	130	41	Engie 集团	法国	1091.7	2.3	1429.9	6.9	169.9
209	215	6	中国华能	中国	632.8	11.3	2512.7	9.6	365.5
237	368	131	巴登－符滕堡州能源公司	德国	589.0	18.3	1650.3	4.0	438.7
242	290	48	东京电力	日本	576.2	－9.1	1489.3	9.3	161.7

续表

2023 年排名	2022 年排名	排名变化	公司名称	国家地区	营业收入（亿美元）	利润（亿美元）	资产（亿美元）	员工数（万人）	股东权益（亿美元）
246	304	58	伊维尔德罗拉	西班牙	567.4	45.6	7107.6	87.0	3041.8
258	249	−9	韩国电力	韩国	546.5	−189.5	1296.2	0.7	45.1
262	260	−2	国家电投	中国	540.2	7.4	1478.3	1.8	294.2
323	326	3	中国华电	中国	451.1	10.2	4141.4	16.5	366.4
367	495	128	莱茵集团	德国	403.5	28.6	2815.9	31.1	716.5
396	411	15	中国大唐	中国	376.1	1.8	2051.8	12.5	202.7

资料来源：根据《财富》网站及世界银行数据资料整理。

从排名看，上榜电力企业中，除 Uniper 公司重新上榜外，有 15 家排名上升，巴登—符滕堡州能源公司（第 237 位）排名跃升 131 位，莱茵集团排名上升 128 位，伊维尔德罗拉、东京电力、Engie 集团、法国电力、意昂集团、意大利电力排名分别上升 58、48、41、40、39、31 位，中国大唐排名上升 15 位，国家能源集团、南方电网、中国华能、中国华电排名分别上升 9、6、6、3 位；国家电网（第 3 位）排名不变；2 家电力企业排名下降，韩国电力（第 258 位）、国家电投（第 262 位）排名分别下降 9、2 位。

从国别看，中国有 7 家电力企业上榜，数量仍居各国首位。7 家电力企业排名大部分较上年有所上升，除国家电网（第 3 位）排名不变、国家电投（第 262 位）排名较上年下降 2 位外，其他电力企业排名都有所上升，按排名高低分别为国家能源集团（第 76 位，上升 9 位）、南方电网（第 83 位，上升 6 位）、中国华能（第 209 位，上升 6 位）、中国华电（第 323 位，上升 3 位）、中国大唐（第 396 位，上升 15 位）。德国的 4 家电力企业（Uniper 公司、意昂集团、巴登—符滕堡州能源公司、莱茵集团），法国的 2 家电力企业（Engie 集团、法国电力）排名均有所上升。2023 年上榜电力企业国别分布情况见图 3‑3。

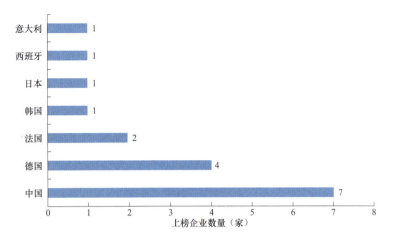

图 3-3 2023 年上榜电力企业国别分布情况

资料来源：根据《财富》网站数据资料整理。

3.2 上榜电力企业变化情况

　　2023 年上榜电力企业分布在 7 个国家。中国上榜电力企业最多，为 7 家，营业收入占比 47.1%；其次是德国 4 家，法国 2 家，韩国、日本、西班牙、意大利各 1 家。2023 年上榜电力企业国别分布情况见图 3-4。

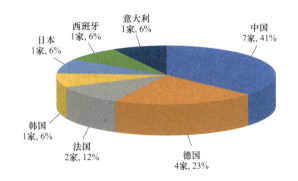

图 3-4 2023 年上榜电力企业国别数量占比情况

资料来源：根据《财富》网站数据资料整理。

　　从净利润率看，西班牙、中国的电力企业最高，其次是德国与意大利的电力企业，日本、法国和韩国电力净利润率都为负值；从总资产报酬率看，西班牙、中国与意大利的电力企业最高。在盈利的电力企业中，意大利上榜电力企业的净利率和总资产报酬率均最低，德国、法国部分企业出现亏损（Uniper 公司、法国电力），韩国、日本的电力企业出现亏损（韩国电力、东京电力）。2023 年上榜电力企业净利率和总资产报酬率见图 3 - 5。

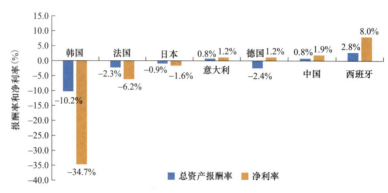

图 3 - 5　2023 年上榜电力企业净利率与总资产报酬率情况

资料来源：根据《财富》网站数据资料整理。

3.2.1　排名提升企业

2023 年，排名提升较大的电力企业有 Uniper 公司和莱茵集团。其中，Uniper 公司重回榜单，首次进入前 20，营业收入超过了法国电力、意大利电力、意昂集团，位列电力企业营业收入榜单第 2 位；莱茵集团在世界 500 强榜单上位列第 367 位，较上年提升 128 位。

（1）Uniper 公司。

德国 Uniper 公司是全球最大的发电企业之一，总部位于德国杜塞尔多夫。2022 年 12 月，德国政府通过投入 80 亿欧元购买了 Uniper 公司 93％的股份，并以 5 亿欧元从该公司之前大股东芬兰富腾收购了另外 6％的股份，完成对 Uniper 公司的国有化，持股 99％。2023 年世界 500 强榜单中，Uniper 公司位列第 16 位。截至 2022 年底，总员工人数 7008 人[8]。

Uniper 公司的主营业务分为三大板块，即欧洲发电业务、全球商品贸易业务和俄罗斯发电业务。Uniper 公司在欧洲的发电业务主要包含了发电及供热业务。除了燃煤发电、天然气发电、燃油发电、蒸汽联合循环等厂站外，还包括了水电站和核电站；全球商品贸易业务主要用于开展 Uniper 公司的能源贸易业务，该板块也成为 Uniper 公司与全球能源大宗市场、大用户之间的接口。

2022 年，受俄乌战争影响，全球电力和天然气的市场价格大幅上涨，是导致 Uniper 公司营业收入显著增加的主要原因，见表 3-2。

表 3-2　　　　　　　　　Uniper 公司各分部收入分布情况

项目	2022 年 （百万欧元）	2021 年 （百万欧元）
营业收入	274 121	162 968
欧洲发电业务	60 502	27 421
全球商品贸易业务	321 742	182 112
俄罗斯发电业务	—	—

注　数据统计截至各年度 12 月 31 日。

（2）莱茵集团。

德国莱茵集团是欧洲三大能源公司之一，总部位于德国埃森。莱茵集团业务覆盖能源全产业链，包括采矿发电、能源规划、环境咨询、工程设计、资产优化、环保服务、能源交易等[9]。

受 2022 年能源价格大幅上涨的影响，尽管莱茵集团发电量较上年略有下降，但营业收入仍较上年明显增长，见表 3-3。

表 3-3　　　　　　　　　莱茵集团各分部收入分布情况

项目	2022 年 （百万欧元）	2021 年 （百万欧元）
营业收入	38 569	24 806
海上风力发电业务	1401	727

续表

项目	2022 年 （百万欧元）	2021 年 （百万欧元）
陆上风力发电业务	2232	2330
水质/生物质/天然气	1830	1315
供应与贸易业务	31 959	19 296
其他业务	—	4
煤/核能	944	899

3.2.2　排名下降企业

2023 年，排名下降的电力企业有韩国电力、国家电投。其中，韩国电力位列第 258 名，较上年下降 91 名，是排名下降幅度最大的电力企业；国家电投位列第 262 名，较上年下降 2 名。

（1）韩国电力。

韩国电力是韩国唯一垂直整合的综合电力公用事业公司，供应该国 90％以上的电力，在该国电力行业处于垄断地位。如表 3-4 所示，2022 年韩国电力营业收入为 71.3 万亿韩元，较上年增长 17.5％，其中非核能发电业务、输配电业务的增长是韩国电力营业收入增长的主要原因[10]。

表 3-4　　　　　　　　　韩国电力各分部收入分布情况

项目	2022 年 （百万韩元）	2021 年 （百万韩元）
营业收入	**71 257 863**	**60 673 587**
输配电业务	68 951 546	59 660 600
核能发电业务	10 386 091	9 324 391
非核能发电业务	41 944 339	25 928 596
工厂维护和工程服务	2 975 062	2 805 785
其他业务	2 750 231	2 018 997

（2）国家电投。

国家电投是中国第一家拥有光伏发电、风电、水电、煤电、气电、生物质发电等全部发电类型的能源企业，也是全球最大的光伏发电企业、新能源发电企业和清洁能源发电企业[11]。如表 3-5 所示，近年来国家电投营业收入下降，2022 年营业收入较上年下降 16.8%。

表 3-5　　　　　　　　　国家电力投资集团各分部收入分布情况

年份	营业收入 （百万元人民币）
2018	363 391
2019	332 309
2020	278 228
2021	272 240
2022	226 415

3.3　上榜电力企业经营情况分析

3.3.1　盈利回报分析

收入利润率： 2023 年，17 家上榜电力企业收入利润率中位数为 1.4%；伊维尔德罗拉最高，为 8%，韩国电力最低，为 -34.7%。欧洲、中国的电力企业收入利润率整体高于上榜电力企业中位数，其中，国家电网和国家电投分别为 1.5% 和 1.4%，位居中等水平。中国发电企业中，中国大唐的收入利润率最低，为 0.5%，国家能源集团收入利润率最高，为 4.7%。2023 年 17 家上榜电力企业收入利润率情况见图 3-6。

净资产收益率： 2023 年上榜电力企业净资产收益率中位数为 2.7%。巴登—符滕堡州能源公司排名第一，为 19.1%；Uniper 公司排名最后，为 -442.5%

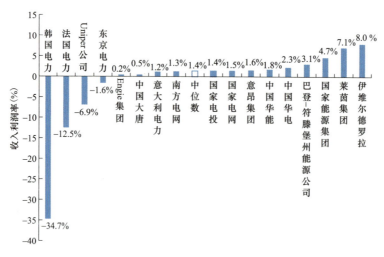

图 3-6 17家上榜电力企业收入利润率情况

资料来源：根据《财富》网站数据资料整理。

（2022年，俄罗斯大幅削减对欧洲的天然气供应，Uniper 公司被迫采购高价天然气，是导致 Uniper 公司亏损的主要原因）。意昂集团、伊维尔德罗拉、莱茵集团和国家能源集团净资产收益率均超过 8%。中国上榜电力企业中，净资产收益率最高的为国家能源集团，为 8.0%，中国华电与中国华能分别为 6.3% 和 5.6%，为中等偏上水平，国家电投、国家电网净资产收益率处于中等水平，南方电网和中国大唐的净资产收益率处于中等偏下水平。德国除了 Uniper 公司，其他 3 家电力企业净资产收益率处于中等偏高水平，巴登－符滕堡州能源公司、意昂集团和莱茵集团净资产收益率分别为 19.1%、11.3% 和 9.7%。2023年 17家上榜电力企业净资产收益率情况见图 3-7。

3.3.2 资产运营分析

流动资产周转率：2023年上榜电力企业流动资产周转率中位数为 2.1。其中，国家电网和南方电网分别以 7.0 和 6.1 位居前两位，国家能源集团的流动资产周转率处于中等偏上水平，中国华电、中国大唐、中国华能和国家电投的流动资产周转率处于中等偏下水平，分别为 1.9、1.8、1.3 和 1.2。相比较而言，部分欧洲电力企业流动资产周转率较低，法国电力与 Engie 集团流动资产周转率处于较低水平，莱茵集团排名最后，为 0.4。2023 年 17 家上榜电力企业流动资产周转率情况见图 3-8。

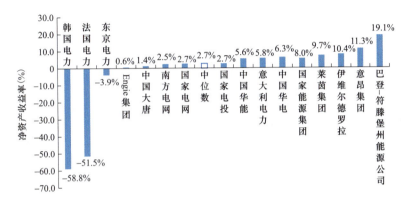

图 3-7　17 家上榜电力企业净资产收益率情况

注：Uniper 公司净资产收益率为 -442.5%，与其他上榜电力企业差异巨大，作为异常值未在图中列示。

资料来源：根据《财富》网站数据资料整理。

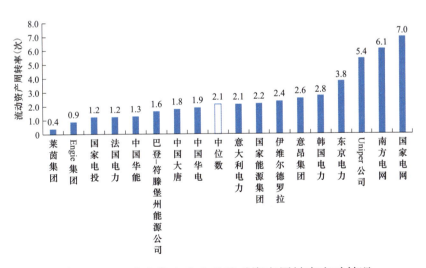

图 3-8　17 家上榜电力企业流动资产周转率变动情况

资料来源：根据《财富》网站数据资料整理。

总资产周转率：2023 年上榜电力企业总资产周转率中位数为 0.4。Uniper

公司和意昂集团位居前两位，巴登－符滕堡州能源公司、国家电网和南方电网分别位列第 3～5 名，国家电投位列最后。总体而言，中国上榜的 2 家电网企业总资产周转率好于 5 家发电集团。2023 年 17 家上榜电力企业总资产周转率情况见图 3‑9。

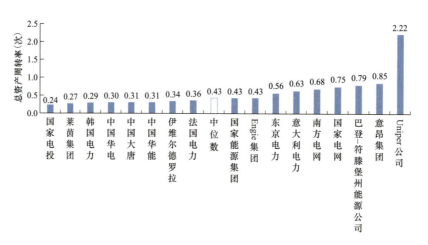

图 3‑9　17 家上榜电力企业总资产周转率情况

资料来源：根据《财富》网站数据资料整理。

3.3.3　风险防控分析

资产负债率：2023 年上榜电力企业资产负债率中位数为 87.0％，超过 90％的电力企业主要有 Uniper 公司、法国电力和中国华能，低于 70％的电力企业为南方电网和国家电网（按人民币口径计算，国家电网资产负债率为 55.4％）。东京电力与伊维尔德罗拉的资产负债率水平也较低。中国五大发电集团中，国家能源集团资产负债率低于中位数，中国华能、中国大唐、中国华电和国家电投资产负债率高于中位数水平。2023 年 17 家上榜电力企业资产负债率情况见图 3‑10。

已获利息倍数：2023 年上榜电力企业已获利息倍数中位数为 1.9。国家能源集团最高，为 5.3；Uniper 公司最低，为－23.6。整体而言，中国 7 家上榜企业中，国家能源集团与国家电网偿债能力较强，其他电力企业偿债能力大多处于中等偏上水平，Uniper 公司、法国电力、韩国电力的已获利息倍数指标排名靠后。2023 年 17 家上榜电力企业已获利息倍数指标情况见图 3 - 11。

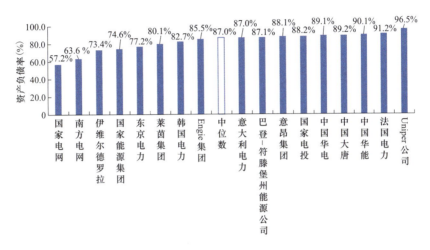

图 3 - 10　17 家上榜电力企业资产负债率情况

资料来源：根据《财富》网站数据资料整理。

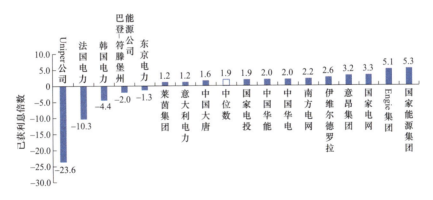

图 3 - 11　17 家上榜电力企业已获利息倍数指标情况

资料来源：根据《财富》网站数据资料整理。

3.3.4　持续发展分析

营业收入增长率：2023 年上榜电力企业营业收入增长率中位数为 21.9％。

Uniper 公司收入增长率最高，为 68.2％；其次是巴登—符滕堡州能源公司，为 55％；中国上榜 7 家电力企业收入增长率均低于中位数水平。按照美元计算，国家电网营业收入增长率为 15.1％（按人民币口径计算，营业收入同比增长 19.8％）。2023 年 17 家上榜电力企业营业收入增长率见图 3 - 12。

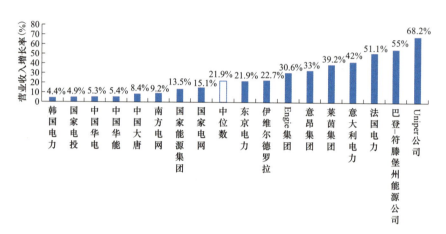

图 3 - 12 17 家上榜电力企业营业收入增长率情况

资料来源：根据《财富》网站数据资料整理。

利润增长率：2023 年大部分上榜电力企业利润变化两极分化明显，利润增长率中位数为 4.5％。东京电力利润增长率最低，为 - 1919.2％；其次是法国电力，为 - 412.1％；国家电网、南方电网及中国华能利润增长率均高于中位数，分别为 14.8％、16.2％ 和 65.1％。国家电投利润增长率最高，为 502.2％；其次是巴登—符滕堡州能源公司、莱茵集团、中国华电，利润增长率分别为 325.7％、235.2％、172.8％。2023 年 17 家电力上榜企业利润增长率见图 3 - 13。

综上，2023 年 17 家上榜电力企业整体增收不增利，整体营业收入较上年增长 26.4％，利润呈亏损状态，较上年下降 176.4％。欧洲大陆上榜电力企业盈利能力较强，韩国电力为本年上榜电力企业经营业绩最差企业；日本上榜电力企业仅有东京电力，东京电力盈利能力较弱，但资产管理状况良好；中国上榜的五大发电集团与两大电网企业经营业绩稳定向好，尤其是国家电网和南方电网资产管理状况良好，现金流稳定，风险防控能力较强。

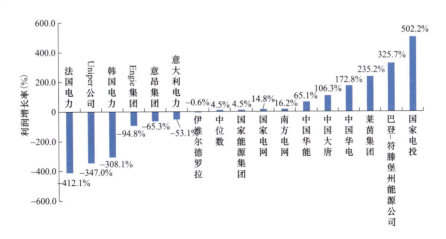

图 3-13　17 家上榜电力企业利润增长率情况

注：东京电力净利润增长率为 −1919.2%，作为异常值未在图表中展示。

资料来源：根据《财富》网站数据资料整理。

3.4　上榜电力企业综合分析

为更全面、准确地分析上榜电力企业综合竞争力，从"经营实力""财务绩效"与"技术经济"3 个维度构建数据分析模型，按照"综合实力强、业务可比性高、数据可靠齐全、地域分布广泛"的原则，选取 15 家电力企业❶，从规模总量、结构、增速等层面开展对标分析，寻找中国电力企业与世界一流企业的差距，为输配电价改革背景下中国电力企业经营发展提供有益参考。

3.4.1　分析模型构建

为避免单一指标的局限性，在经营实力方面，选取了资产总额、股东权

---

❶ 15 家电力企业分别为国家电网、伊维尔德罗拉、意大利电力、南方电网、意昂集团、美国南方电力、杜克能源、巴登—符滕堡州能源、葡萄牙能源、美国爱克斯龙、中部电力、关西电力、东京电力、法国电力、韩国电力。

益、市值、营业收入、EBITDA（息税折旧摊销前利润）5 个指标进行综合分析；在财务绩效方面，依据国务院国资委《中央企业绩效评价规定（试行）》，选取了衡量企业盈利回报、资产运营、风险防控和持续发展的 16 个指标进行分析；在技术经济指标方面，采用综合线损率、清洁能源占比、单位资产售电量指标。

　　各指标权重设置如下：财务绩效部分，参照国务院国资委《中央企业绩效评价规定（试行）》规定，参考商业二类企业评价要求确定各指标权重；经营实力部分，通过数理统计测算指标间的相关性，结合行业特点，确定各项经营实力指标权重，如表 3 - 6 所示。

表 3 - 6　　　　　　　　　　世界一流电力企业绩效对标指标体系

基本指标	一级指标（比例）	二级指标
财务绩效指标	盈利回报（30%）	净资产收益率（10%）
		营业收入利润率（10%）
		总资产报酬率（5%）
		盈余现金保障倍数（5%）
	资产运营（20%）	总资产周转率（6%）
		应收账款周转率（6%）
		流动资产周转率（4%）
		两金占流动资产比重（4%）
	风险防控（25%）	资产负债率（8%）
		现金流动负债比率（8%）
		带息负债比率（5%）
		已获利息倍数（4%）
	持续发展（25%）	研发经费投入强度（8%）
		全员劳动生产率（8%）
		经济增加值率（5%）
		国有资本保值增值率（4%）
经营实力指标		资产总额（20%）
		股东权益（20%）

续表

基本指标	一级指标（比例）	二级指标
经营实力指标		市值（20%）
		营业收入（20%）
		EBITDA（20%）
技术经济指标		综合线损率
		清洁能源占比
		单位资产售电量

世界 500 强上榜电力企业综合竞争力分析模型基本原理是：分别计量经营实力得分（X_i）、财务绩效得分率（Y_i）以及技术经济得分（T_i），然后将经营实力评价得分和财务绩效评价得分率相乘作为基本分，技术经济指标得分作为附加分，基本分与附加分之和即为综合竞争力得分。其中，在单个指标计分方面，充分考虑了可比性、科学性和客观性。通过数据测算和数理回归，科学测定标准，最终分别形成经营实力层、财务绩效五档标准值；科学计量指标得分，采用功效系数法计量单个指标得分情况。

财务绩效测算：将盈利能力（P）得分与经营增长（G）得分相加作为收益因子，合计占 56% 权重；将资产质量（A）和债务风险（R）得分相加作为风险因子，合计占 44% 权重；以各自权重为指数将收益因子和风险因子得分率相乘，作为企业财务绩效得分（乘法分）。

$$Y_i = [(P_i \times 0.34 + G_i \times 0.22) \div 0.56]^{0.56}$$
$$\times [(A_i \times 0.22 + R_i \times 0.22) \div 0.44]^{0.44} \quad (3-1)$$

经营实力测算：将资产总额（A_1）、股东权益（A_2）、市值（A_3）、营业收入（A_4）、EBITDA（A_5）作为五大因子各占 20% 权重；以各自权重为五大因子得分率相乘，作为企业经营实力得分（乘法分）。

$$X_i = \prod_{m=1}^{5} A_{im}^{0.2} \times 100\% \quad (3-2)$$

技术经济测算：选取综合线损率（%）、清洁能源占比（%）和单位资产售电量（kW·h/美元）等 3 项技术经济指标。将综合线损率（C）、清洁能源占比（R）、单位资产售电量（S）按降序的方式分别排序，并利用其排序计算其各自指标得分，最后对指标进行算数平均，作为企业技术经济得分（排序分）。

$$T_i = \frac{C_i + R_i + S_i}{3} \times 100\% \tag{3-3}$$

3.4.2 财务绩效分析

在 15 家电力企业中，伊维尔德罗拉（68.39）、意大利电力（64.58）和美国南方电力（64.43）经营绩效得分列前 3 位；国家电网（63.74）列第 4 位，优于 15 家企业中位数（60.35）；南方电网恰处于中位数。15 家电力供应企业财务绩效评价结果见表 3-7，其中，乘法分排序见图 3-14。

表 3-7　　　　15 家电力供应企业财务绩效评价结果

公司	盈利回报	资产运营	风险防控	持续发展	加法分	乘法分
伊维尔德罗拉	77.00	57.28	59.19	78.95	69.09	68.39
意大利电力	67.57	84.22	54.92	55.21	64.65	64.58
美国南方电力	75.59	69.89	56.31	54.91	64.46	64.43
国家电网	50.45	91.76	70.83	55.74	65.13	63.74
巴登一符滕堡州能源公司	63.33	85.17	45.33	60.12	62.40	62.39
意昂集团	63.58	93.16	51.36	47.26	62.36	61.99
葡萄牙能源	71.75	50.05	46.08	77.89	62.53	61.06
南方电网	50.75	87.37	59.01	54.51	61.08	60.35
美国杜克能源	66.25	67.14	54.21	48.95	59.09	59.09
美国爱克斯龙	70.87	59.14	56.20	41.83	57.60	57.60
中部电力	49.20	90.22	53.17	32.75	54.28	52.54
关西电力	44.57	78.79	28.14	46.46	47.78	47.71
东京电力	30.04	91.59	28.56	36.85	43.68	42.15
韩国电力	22.91	59.98	22.10	45.60	35.79	35.68

续表

公司	盈利回报	资产运营	风险防控	持续发展	加法分	乘法分
法国电力	22.91	60.21	36.20	33.63	36.37	35.15
中位数	63.33	78.79	53.17	48.95	61.08	60.35

注 按照财务绩效得分（乘法得分）排序。

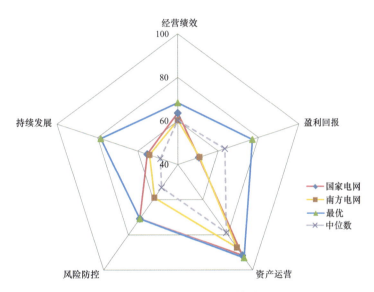

图 3-14 国家电网和南方电网财务绩效评价得分雷达图

资料来源：根据《财富》网站及企业年度报告数据资料整理。

从盈利回报指标得分看，伊维尔德罗拉（77.00）、美国南方电力（75.59）和葡萄牙能源（71.75）分列前 3 位；南方电网（50.75）和国家电网（50.45）分列第 9 位和第 10 位，均低于 15 家电力企业中位数（63.33）。

从资产运营指标得分看，意昂集团（93.16）、国家电网（91.76）和日本东京电力（91.59）分列前 3 位；南方电网（87.37）列第 5 位，显著优于 15 家电力企业中位数（78.79）。

从风险防控指标得分看，国家电网（70.83）、伊维尔德罗拉（59.19）和南方电网（59.01）分列前 3 位；15 家企业风险防控指标得分总体较低（中位数 53.17）。

从持续发展指标得分看，伊维尔德罗拉（78.95）、葡萄牙能源（77.89）和巴登－符滕堡州能源（60.12）分列前 3 位；国家电网（55.74）和南方电网（54.51）分列第 4 位和第 7 位，均优于 15 家电力企业中位数（48.95）。

3.4.3　经营实力分析

截至 2022 财年末，15 家电力企业资产总额合计 27 861.30 亿美元，权益合计 7882.59 亿美元；2022 年末公司市值合计 7835.43 亿美元（国家电网和南方电网为估值）；2022 财年营业收入合计 14 497.13 亿美元，EBITDA 合计 1531.20 亿美元。具体指标如表 3 - 8 所示。

表 3 - 8　　　　　　　　　15 家电力企业经营实力指标

公司	资产总额 （亿美元）	权益 （亿美元）	市值 （亿美元）	营业收入 （亿美元）	EBITDA （亿美元）	得分
国家电网	7095.39	3167.72	2538.08	5298.72	770.43	100.00
意大利电力	2356.92	451.62	548.45	1477.73	196.02	95.18
南方电网	1657.40	638.76	508.31	1136.45	186.08	93.96
伊维尔德罗拉	1659.87	623.67	694.56	567.35	139.11	93.14
杜克能源	1780.86	518.53	793.11	287.68	115.10	92.34
美国南方电力	1348.91	345.32	776.88	292.79	92.84	90.50
意昂集团	1438.17	234.67	261.50	1216.32	46.85	87.58
爱克斯龙	953.49	247.44	428.90	190.78	66.42	86.02
法国电力	4165.40	500.24	500.69	1508.84	− 68.59	84.96
巴登－符滕堡州能源	745.91	137.04	252.90	588.94	48.22	84.59
葡萄牙能源	631.21	148.47	197.23	217.17	47.42	83.04
关西电力	660.84	138.56	87.14	291.94	18.76	81.86
中部电力	486.17	162.85	78.61	294.51	20.48	81.77
东京电力	1021.50	235.13	58.27	576.12	8.29	81.68
韩国电力	1859.25	332.57	110.81	551.79	− 156.25	75.92
合计/中位数	27 861.30	7882.59	7835.43	14 497.13	1531.20	86.02

3.4.4 技术经济分析

技术经济指标评价结果如表 3-9 所示。在 15 家电力企业中，法国电力 （96.74%）、意昂集团（85.00%）和葡萄牙能源（73.88%）清洁能源占比指标 最优，南方电网（52.00%）列第 6 位，优于 15 家电力企业中位数（46.85%）； 国家电网（38.42%）列第 10 位。细分技术经济指标，国家电网（4.96%）和 南方电网（5.08%）综合线损率指标得分列第 6 和第 7 位，均优于 15 家电力企 业中位数（5.10%）；南方电网（52.00%）和国家电网（38.42%）清洁能源占 比分列第 6 位和第 10 位，国家电网低于 15 家电力企业中位数（46.85%）；南 方电网（7.52kW·h/美元）和国家电网（7.48kW·h/美元）单位资产售电量分 列第 1 位和第 2 位，均显著优于中位数（1.56kW·h/美元）。

表 3-9　　　　　　　　15 家电力企业技术经济指标评价结果

公司	综合线损率		清洁能源占比		单位资产售电量		得分
	指标（%）	得分	指标（%）	得分	指标（%）	得分	
意昂集团	3.50	9.33	85.00	9.33	2.29	7.33	8.67
南方电网	5.08	6.00	52.00	6.67	7.52	10.00	7.56
韩国电力	3.53	8.67	36.69	2.67	3.02	8.67	6.67
国家电网	4.96	6.67	38.42	4.00	7.48	9.33	6.67
巴登－符滕堡州能源公司	1.90	10.00	50.22	6.00	1.36	2.67	6.22
关西电力	5.10	5.33	46.85	5.33	1.85	6.00	5.56
杜克能源	4.36	8.00	37.00	3.33	1.52	4.67	5.33
东京电力	4.80	7.33	5.05	0.67	2.34	8.00	5.33
法国电力	6.20	2.67	96.74	10.00	1.04	1.33	4.67
伊维尔德罗拉	6.78	2.00	60.50	7.33	1.44	4.00	4.44
意大利电力	7.73	1.33	61.00	8.00	1.36	3.33	4.22
中部电力	5.48	4.67	8.52	1.33	2.27	6.67	4.22
葡萄牙能源	8.20	0.67	73.88	8.67	1.09	2.00	3.78

续表

公司	综合线损率		清洁能源占比		单位资产售电量		得分
	指标（%）	得分	指标（%）	得分	指标（%）	得分	
美国南方电力	5.52	4.00	30.00	2.00	1.56	5.33	3.78
爱克斯龙	5.89	3.33	44.92	4.67	0.68	0.67	2.89
中位数	5.10	5.33	46.85	5.33	1.56	5.33	5.33

注 1. 单位资产售电量指标单位为 kW·h/美元。
    2. 列表按照技术经济指标得分排序。

3.4.5 综合得分分析

世界一流电力供应企业综合评价结果（见表 3-10）显示，国家电网（70.41）、伊维尔德罗拉（68.14）和意大利电力（65.69）分列前 3 位；随后依次是南方电网（64.26）、意昂集团（62.96）、美国南方电力（62.08）、杜克能源（59.90）、巴登—符滕堡州能源公司（59.00）、葡萄牙能源（54.48）和爱克斯龙（52.44），该 10 家电力企业为 2022 年度世界一流电力供应企业；中部电力、关西电力、东京电力、法国电力和韩国电力等 5 家未能入选，均因经营绩效得分较低所致。

表 3-10 电力供应业世界一流企业综合评价结果

公司	规模实力指标		经营绩效指标		技术经济指标		世界一流企业评价	
	得分	排名	得分	排名	得分	排名	指数	排名
国家电网	100.00	1	63.74	4	6.67	3	70.41	1
伊维尔德罗拉	93.14	4	68.39	1	4.44	10	68.14	2
意大利电力	95.18	2	64.58	2	4.22	11	65.69	3
南方电网	93.96	3	60.35	8	7.56	2	64.26	4
意昂集团	87.58	7	61.99	6	8.67	1	62.96	5
美国南方电力	90.50	6	64.43	3	3.78	14	62.08	6
杜克能源	92.34	5	59.09	9	5.33	7	59.90	7
巴登—符滕堡州能源公司	84.59	10	62.39	5	6.22	5	59.00	8
葡萄牙能源	83.04	11	61.06	7	3.78	13	54.48	9
爱克斯龙	86.02	8	57.60	10	2.89	15	52.44	10

续表

公司	规模实力指标		经营绩效指标		技术经济指标		世界一流企业评价	
	得分	排名	得分	排名	得分	排名	指数	排名
中部电力	81.77	13	52.54	11	4.22	11	47.19	11
关西电力	81.86	12	47.71	12	5.56	6	44.61	12
东京电力	81.68	14	42.15	13	5.33	7	39.76	13
法国电力	84.96	9	35.15	15	4.67	9	34.53	14
韩国电力	75.92	15	35.68	14	6.67	3	33.75	15
中位数	86.02	—	60.35	—	5.33	—	59.00	—

注 列表按照世界一流企业指数排序。

（本章撰写人：李阳、张冰石　审核人：李有华）

4

2023 年世界 500 强企业司库管理案例

随着数字信息技术快速演进、金融支付手段更新迭代，企业传统的资金管理理念和管理模式已经难以适应管理能力现代化和国资监管数字化的新要求，中央企业要适应新的发展环境、树立新的发展理念，就要把司库管理体系建设作为促进数字化转型发展的重要切入点和突破口，通过现代化的资金管理推动企业加快实现高质量发展。

从国外司库管理职能的发展来看，国外企业司库建设由最初的提升资金收付款效率，再到灵活运用各类货币工具提高头寸管理水平，以及在更为复杂的金融环境中提高风险管理水平与融资能力。可以说，对于世界一流企业来说，司库不仅仅是一项现金收付的保障性工作，而且在企业整体运营中具备越来越重要的战略地位，尤其是在企业全球化战略中，如何建设全球性司库对企业国际化战略的成功与否起到了决定性的作用[12]。

财务管理是企业管理的中心，资金管理是财务管理的核心。一流的企业首先要有一流的财务管理支撑，需要一流的资金管理保障。2023 年 2 月中央深改委审议通过了《关于加快建设世界一流企业的指导意见》后，国务院国资委迅速出台《关于中央企业加快建设世界一流财务管理体系的指导意见》，全面推动财务管理理念、组织、机制和功能手段 4 个变革，特别强调要通过加快司库管理体系建设，提高资金管理的效率、资金管理的安全能力和防风险能力，实现企业全球金融资源集约高效管理，为培育世界一流企业提供一流的资金管理保障。

按照国务院国资委推进"企业司库管理体系"建设要求，选取世界 500 强企业中的英国壳牌公司、德国西门子集团和美国埃克森美孚公司开展司库管理对标，提炼案例企业司库建设举措，为国内大型企业集团全面提升资金管理与风控提供经验。

4.1　壳　牌　公　司

4.1.1　业务背景

壳牌公司（简称壳牌），由皇家荷兰石油公司与壳牌两家公司合并组成，是国际上主要的石油、天然气和石油化工的生产商，同时也是汽车燃油和润滑油零售商，在 2023 年《财富》世界 500 强排行榜位列第 9 名。其业务遍及全球 140 个国家，是液化天然气行业的先驱，在经营、财务、融资管理方面拥有相当丰富的经验。

壳牌司库体系建设，源于其财务管理变革。荷兰皇家和壳牌运输在 2005 年合并后，财务管理发生了巨大变化，开始向集约化、共享化和专业化的财务管理体系逐步推进，因此资金管理作为财务管理的核心职能也开始向集约化、共享化和专业化方向发展。此外，随着全球化业务战略的推动，对资金的需求大幅上升，海外融资渠道的拓展及融资方式的创新面临新的挑战。在上述推动力的作用下，壳牌逐渐搭建完整的司库体系，成为全球资金管理方面的领先实践。

4.1.2 司库管理组织

壳牌在财务管理部下建立全球司库中心，凭借统一的管理模式、运作流程及共享的 IT 系统，统筹开展全集团范围内的资金管理。全球司库中心由 1 个集团司库中心和 3 个区域司库中心构成，主要负责集团资金运营管理、资本市场管理、资产并购管理、资金风险控制、养老金管理等内容（见图 4-1）。

资金运营管理，主要包括现金管理、金融市场交易、资金预测、资金集中管理、资本结构管理等职能。现金管理职能主要负责公司银行账户及结构管理、收付款管理等内容；金融市场交易职能作为公司与金融市场的唯一联系界面，集中操作外汇交易、商业票据及货币市场交易等内容；资金预测管理职能主要负责滚动预测公司现金流，保证公司流动性安全；资金集中管理职能主要负责资金池管理、银行关系管理及短期融资管理等内容；资本结构管理职能主要负责设计安排公司资本结构，通过长短期债务的平衡，使公司资本结构达到最优水平。

资本市场管理，主要负责公司在资本市场上的融资，如发债和 IPO 等资金

图 4-1　壳牌财务组织架构

运作相关事宜。资产并购管理,主要负责公司资产并购前、中、后期涉及资金管理的相关事宜。资金风险管理,主要负责统一管理外汇风险敞口、利率波动、投资风险、法律合规、流动性风险评估与控制等。养老金管理,主要负责公司内部养老金管理与投资的相关事宜。

4.1.3　司库管理特点

特点一:构建"1+3"的全球司库中心,根据不同区域的财资环境特点进行区别定位;同时根据时区合理配置,促进资金在全球范围内 24 小时不间断地自由流动。

壳牌为推动资金管理的集约化和专业化,建立"1+3"的全球司库中心,统筹全集团司库业务。具体为 1 个集团司库中心,位于英国伦敦;3 个区域司库中心,分别位于美国休斯敦、巴西里约热内卢及新加坡(见表 4-1)。

壳牌司库中心选址时,充分考虑靠近主要业务单元的需要、时区特点、金融市场、监管环境、税收条件等因素。

表 4 - 1　　　　　　　　"1＋3"的全球司库中心架构

区域	地点	定位	优点	缺点
北美区域	美国休斯敦	服务在美国或者北美地区的企业	休斯敦是重要的国际金融、贸易中心，税负洼地，经营成本较低，业务交易频繁，资金需求量大	与美国以外的优势地区相比，其监管成本较高
南美区域	巴西里约热内卢	服务在南美区域的企业	是南美区域的金融和保险中心，众多金融机构都在里约设有分支机构	外汇管制相当严格，纳税复杂
欧洲区域	英国伦敦	集团司库中心、融资中心	全球排名第二的金融中心，债券市场和货币市场非常发达，拥有足够的市场深度缺点	相比较之下，监管较严格，监管成本较高
亚太区域	新加坡	资金安全中心	是全球五大金融中心之一，也是亚洲时区的流动性中心；税收监管环境较为宽松；建立了良好的金融风险监管体系	新加坡货币市场和投资深度有限，融资规模较小

一方面，通过 4 个司库中心时区的合理配置，使得资金在全球范围内自由流动，有效提高资金运营效率。例如，新加坡的司库中心到日末闭市时有盈余 5 亿美元，会将 5 亿美元汇入伦敦资金池，因为新加坡闭市时间刚好是伦敦开市时间，此番运作后，伦敦的资金储备可以处于充沛状态。资金在伦敦运作一天到闭市时，恰好对接休斯敦开市，不论是盈余或是不足，都可将资金头寸情况交接至休斯敦，之后里约热内卢也是同理运作，最后资金轮转回新加坡。如此全球范围的资金循环运作模式，使得壳牌的资金效益得以最大化。

另一方面，依据选址特点，对不同的司库中心给予了不同定位。

集团司库中心位于英国伦敦。伦敦作为 GFCI 全球排名第二的金融中心，其债券市场和货币市场非常发达，且是全球最大的场外金融衍生品交易市场和全球最大的基金管理中心，产品流动性强、交易活跃、买卖资金量大，拥有足够的市场深度。但相较之下，监管严格，监管成本较高。因此，壳牌将伦敦总部司库中心定位为融资中心。

北美区域司库中心位于美国休斯敦。休斯敦位于美国税负洼地之一的得克萨斯州，经营成本较低，业务交易频繁，资金需求量大；同时，作为全美第五大投行聚集地，有不少金融机构都选择在休斯敦设立分部。但是，就资金管理而言，其在监管方面的成本较高。因此，壳牌将休斯敦司库中心定位为主要服务在美国或者在北美地区企业的区域资金管理机构。

南美区域司库中心位于巴西里约热内卢。里约热内卢是南美的金融和保险中心，也是南美第二大城市，众多金融机构都在里约设有分支机构。但是，当地外汇管制相当严格，税制复杂。因此，壳牌将里约热内卢司库中心定位于服务南美区域的企业区域资金管理机构。

亚洲区域司库中心位于新加坡。新加坡是全球五大金融中心之一，也是亚洲时区的流动性中心。其金融市场具备良好的金融风险监控体系，有效保护当地金融体系不受金融风暴的影响；其税收监管环境较为宽松，符合条件的企业在资金管理上产生的收费、利息、股息等收益享受 5~10 年减至 8% 的优惠税率。但是，货币市场和债券市场的投资深度有限，融资规模较小。因此，壳牌将新加坡司库中心定位为资金安全中心。

特点二：利用伦敦集团司库中心的运作，获取欧洲国家金融市场普遍的低成本融资。

壳牌主要通过自有资金运营、债权融资和战略撤资产生的资金流支持集团运营。作为融资中心，集团司库中心充分利用欧洲各个国家在金融市场的优势，统筹融资安排。

壳牌债权融资的担保主体是荷兰皇家壳牌公司总部，发行公司一般为壳牌国际金融公司，主要依托英国伦敦司库中心进行运作，其使用的主要融资产品为商业票据和欧元中期债券。

在选择融资产品的发行地时，壳牌会综合考虑国家产品优势，包括融资利率、汇兑成本、金融市场成熟度等因素。以英国的债券发行融资为例，从融资利率分析，其平均贷款利率为 1.10%，长期和短期债券的发行利率在此数值上下波动，融资成本整体偏低；从汇兑成本分析，英国无汇兑管制，使资金在汇入和汇出时的汇兑成本较低，支持融资资金全球化运作；从金融市场成熟度分析，英国债券市场十分发达，运作和管理机制成熟，在伦敦登记并以伦敦为基地的券商，发行债券量占全球债券发行量的 60%。基于以上分析结果，壳牌选择将英国纳入其主要发行债券的融资市场之一。

特点三：依托财务共享中心，在菲律宾马尼拉建立全球支付工厂，7 天 24 小时运营，推动资金结算集中化、标准化、自动化。

由于壳牌子公司众多且遍布全球各地，各子公司开立账户涉及 250 多家银行，并且各家银行系业务管理模式、结算系统和网上银行等电子工具差别较大，壳牌总部需要耗费较多的精力和资源管控集团各下级单位资金。随着业务发展，若继续沿用传统的资金管理模式，会导致集团整体资金运转效益降低，管理成本增加。所以，壳牌选择通过结算服务共享化的方式，推进资金集中结算，实现降本增效。

壳牌在全球有 6 个财务共享中心，分别位于英国格拉斯哥、波兰克拉科夫、印度钦奈、南非开普敦、马来西亚吉隆坡和菲律宾马尼拉。其中，在菲律宾马尼拉的财务共享中心下设了 7 天 24 小时运营的全球支付工厂，负责全球业务资金结算。

从壳牌支付工厂的配套系统设施分析，其建立满足全球资金集中结算需求的支付代理系统，对内与集团内部网络建立集成关系，对外与银行打通资金接口，实现结算数据的"直通式"传输，减少了人工干预，避免数据篡改，降低操作和安全风险。此外，支付代理系统支持集中操作用户信息、用户配置文件和用户密码的管理，集团所有成员单位在司库组织开立的内部账户资金收支信息均可以及时反映在系统分析界面并同步共享至集团内部网络。

从壳牌资金集中结算的运作模式分析（见图 4 - 2），各成员单位通过集团内部网络向各自区域内的司库中心提交付款需求。司库中心接收付款申请后，统筹本区域内的付款安排并向支付工厂发出支付指令。当支付指令通过内部网络直接传递到支付工厂结算系统后，由支付工厂对支付指令格式、结算数据和凭证制式进行标准化处理，并通过 SWIFT 报文或其他非 SWIFT 的银行直连系统，完成 24 小时不间断的自动化批量收付结算与数据回传。支付工厂运作模式在满足壳牌对资金结算安全性与一致性要求的同时，使集团总部实时监控各成员单位所有资金收支活动，更好地落实全球资金集约化管控。

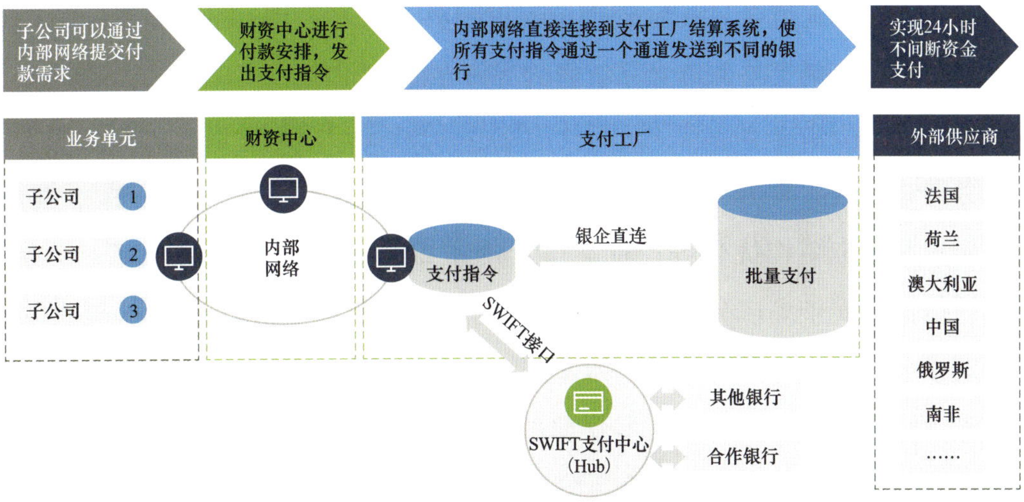

图 4-2　壳牌支付工厂运作模式

4.2　西门子集团

4.2.1　业务背景

西门子集团（简称西门子）是全球领先的技术企业，经过 160 多年的发展，业务已经遍及世界 190 多个国家，核心业务涵盖工业、能源、医疗、权益投资、跨部门经营和金融服务等多个行业。2023 年，西门子位列世界 500 强排行榜第 162 位。业务不断扩展、币种持续增加、不同国家政策和外汇管制情况有差异，以及资金和银行系统限制性变高，使西门子的资金管理难度增加，为此，西门子开展一系列的资金管理改革与提升并建立全球领先的资金管理体系。

4.2.2　司库管理组织

为支撑多元化发展的业务板块，西门子专门成立金融服务公司（SFS），并设立以德国慕尼黑为总部的 5 个司库中心。总部司库中心和区域司库中心两级协同运作，共同完成全球现金管理、支付结算、风险管理、融资管理、货币市场交易、金融市场交易和资金系统管理等资金管理职能。

如图 4-3 所示，现金管理和支付部主要负责账户结构合理化、资金集中结算服务等；风险管理和融资部主要负责金融风险管理、银行贷款、保函管理、内部融资和资本结构优化等；资本市场部主要负责流动性策略制定、债券发行、授信额度安排等；金融市场部主要负责根据风险管理和融资部提出的要求，对接金融机构与市场进行具体操作，主要包括利率风险管理、汇率风险管理、流动性风险管理；信息技术管理部主要负责司库管理系统的开发与维护、系统数据的日常维护、网络安全风险监控等。

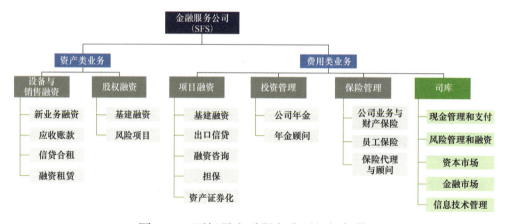

图 4-3　西门子金融服务公司组织架构

4.2.3　司库管理特点

特点一：在全球范围内建立 62 个实际资金池，以国家、合作银行或者币种为维度，依托银行产品实现零余额归集。

为解决各成员单位资金独立运作，存贷双高等问题，西门子以国家、合作银行、币种为维度，在全球共建立了 62 个实际资金池，由西门子金融服务公司（SFS）的现金管理和支付部负责制定资金池的运行规则，总部司库中心与区域司库中心分别负责对各自区域范围内的资金池进行统筹管理。

在每天交易即将结束之时，银行系统自动对子公司账户进行扫描并将子公司账户清零。账户内资金余额自动经过二级资金池、一级资金池，上收至区域中心资金池。集团总部下达归集指令后，各区域中心资金池进一步归集，最终统一集中至由总部司库中心管理的欧元、美元、英镑等主要币种中心资金池账户。此外，在同一银行体系内的多个资金池之间可以直接进行资金调拨，不同资金池之间的资金划拨需要调拨指令。在不同银行体系之间，资金流转需逐级上收至中心资金池后，由集团总部统一下达指令进行调拨见图 4 - 4。

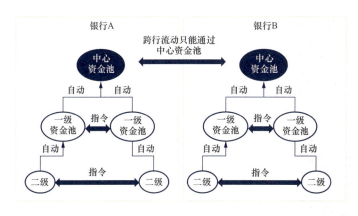

图 4 - 4 西门子资金池归集与调拨路径示意图

特点二：对于无零余额账户服务或管制货币国家的银行，要求其提供名义资金池功能，实现额度透支，降低资金成本，并提高集团资金可视程度。

在资金归集的过程中，存在部分合作银行无法提供零余额服务，或业务所在国家实行外汇管制，无法实现资金物理归集的情况。为解决这一问题，西门子在实际资金池的基础上，与银行合作搭建多币种名义资金池，在成员单位授信额度内，冲销参与账户中的借贷方余额，轧差后实现资金余额数据集中，提高西门子全球资金可视程度。

如图 4 - 5 所示，西门子名义资金池分为多币种顶点账户和多币种子公司账户。以新加坡名义资金池中的美元顶点账户为例，若子账户是开立在管制国家的美元账户，如印度美元户、巴西美元户等，则账户余额将在规定时间虚拟归集至顶点账户，子账户余额清零，顶点金额相应调增或调减；若子账户是美元以外的其他币种账户，如香港港币户、中国人民币户等，其虚拟归集规则与美元户基本相同，但余额需根据提前约定或当期汇率折算成美元。当名义资金池归集范围内的子账户余额全部完成归集后，系统自动轧差，形成名义资金池的账户净余额。

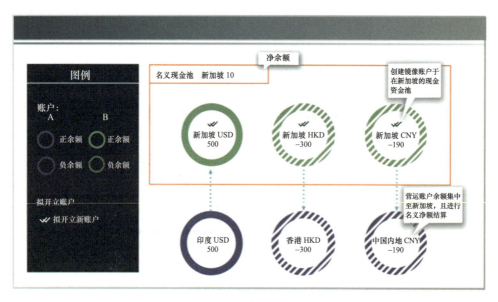

图 4-5　西门子名义资金池管理系统余额报告

特点三：通过实际和名义资金池资金的及时归集，西门子可在次日上午 10 点看到全球资金状况，配合现金流预测确定现金头寸，整体实现全球资金可视、可管、可用。

通过虚实结合的全球资金池架构和"多级联动、分级管理"管理模式，西门子实现了全球账户余额集中。同时，针对不同币种实际资金池所在时区，设定不同的资金归集时间，使集团能够及时掌控、协调和调度各子账户间的资金，支持其进行全球统一的盈余资金管理和缺口融资。

如图 4-6 所示,位于慕尼黑的总部司库中心每日监督全球各资金池在当日指定时间操作资金归集,例如,欧元实际资金池定于标准时间 12 点进行欧洲货币归集;美元实际资金池定于标准时间 15 点进行美洲货币归集。标准时间次日上午 10 点,总部司库中心通过资金池系统汇总全球资金头寸数据,实时展示资金状况和资金流向,支持西门子进行运营资金管理、融资规划和投资资源配置。如果全球净流量为正值,则考虑将资金投放到资本市场;如果全球净流量为负值,则安排风险管理和融资部、资本市场部到资本市场进行融资。

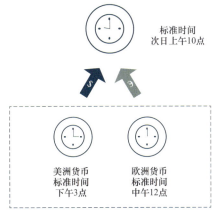

图 4-6 西门子各资金池归集时间

根据现金流预测系统提交的每日现金流预测确定现金头寸,进行资金安排。

4.3 埃克森美孚公司

4.3.1 业务背景

埃克森美孚公司(简称埃克森美孚)由洛克菲勒的标准石油公司发展而来,见证了石油工业的百年风云,经历了资本积累阶段、多元化发展经营阶段、油气纵向一体化阶段和成本全面控制阶段。目前埃克森美孚是全球最大的非政府石油天然气生产商和最成功的化工企业之一。2023 年，埃克森美孚资产规模达 3690.7 亿美元，营业收入 4136.8 亿美元，利润总额高达 557.4 亿美元，位列世界 500 强排行榜第 7 名。

　　埃克森美孚在发展扩张过程中重视上游产业，不断兼并各类能源资源企业，逐渐扩大优质能源资产规模，同时，坚持下游技术研发，领先行业技术前沿。伴随上下游并进的业务战略，埃克森美孚在资金管理策略及模式上不断进行创新与改革，其作为资金集中管理的开创者、先驱者，被诸多世界领先企业效仿。

4.3.2　司库管理组织

　　埃克森美孚在其财务部下，建立了司库中心。司库中心整体实行分级管理，由总部司库中心统筹全集团司库业务，区域司库分别负责各自区域范围内的资金池进行统筹管理（见图 4-7）。

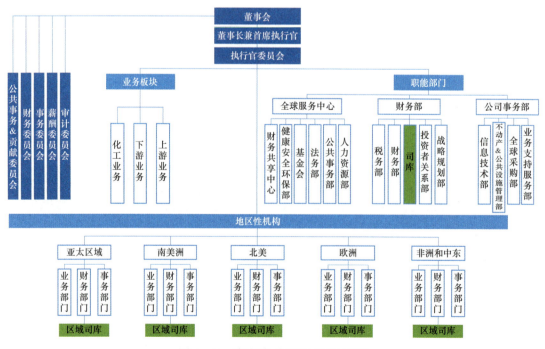

图 4-7　埃克森美孚组织架构图

埃克森美孚司库中心负责账户管理、资金流动性管理、融资管理和风险管理。

账户管理职能主要对集团账户实行集中管理，负责账户结构合理化、账户功能及权限设置，以及账户开变销和清理等日常管理工作，是埃克森美孚资金管理的基础职能。

资金流动性管理职能主要对盈余资金及头寸缺口进行集中管理，负责统筹管理全球资金，根据资金计划安排短期融资，确保集团资金流动性，支持业务经营及日常运作。

融资管理职能主要对融资规划、融资模式、授信与担保和银行关系等方面进行集中管理，负责分析集团及成员单位的资产负债结构，灵活稳健地进行对内、对外融资安排，进行融资资源整合，支持业务发展战略。

风险管理职能主要对汇率风险、利率风险和资金安全风险等资金风险进行集中管理，负责制定统一管理制度体系、工具方法、对冲策略等内容，实现集团资金高效、安全管理。

4.3.3 司库管理特点

特点一：埃克森美孚通过事前建立风险管理标准业务程序、事中建立模型、预警指标，事后开展风险评价的方式进行全过程风险管理。其风险管控体系以面面俱到的风险管理制度体系及灵活科学的预警指标体系为主要特色。

首先，埃克森美孚实行全球统一、健全的风险管理制度体系。

风险管理制度体系包括风险管理制度及风险管理标准业务程序手册。风险管理制度涵盖外汇风险、利率风险和资金安全风险等风险管理工作的基本要求及管理权限。风险管理标准业务程序手册以风险管理流程为维度进行流程标准化与统一化，具体包括利率风险敞口测算、外汇风险敞口测算、风险对冲方案与交易、对冲工具资金结算、利率对冲会计核算、外汇对冲会计核算和资金业务操作（如资金收款、资金付款、资金调拨、对账与结账、资金分析报告编制、资金计划编制、账户管理等）等标准业务程序手册。

以外汇风险管理标准业务程序手册为例，该手册明确了范围定义、管控要点、标准流程及审核要点、主体责任和文档规范等内容。

范围定义部分明确了外汇风险对冲金融工具的可使用工具定义及不可使用工具范围。埃克森美孚将可使用的外汇风险对冲金融工具定义为满足以下所有 3 组标准的金融工具或其他合同：第一，它具有一个或多个标的资产且该资产价值随外汇波动而变化和一个或多个本金或付款条款或两者兼有；第二，它的初始投资金额，应与对外汇变化有类似反应的其他类型合同相比更少；第三，它的条款允许进行净额结算。同时，明确不可使用的外汇风险对冲工具的合同类型，包括：证券交易合同、特定保险合同、财务担保合同、人寿保险投资合同、特定投资合同、特定贷款合同。

管控要点部分明确了对外汇风险对冲对象的具体限制要求。首先，业务部门签订涉及金额较大且以除美元、欧元、英镑、日元、人民币外的币种进行结算的合同时，应提前与司库部门进行咨询。其次，为了实现有效的对冲，外汇风险对冲对象必须满足以下条件：第一，存在与第三方可预见的商品交易或投融资行为；第二，存在与内部或外部对手方的可预见的外汇结算行为；第三，对冲策略执行后只关注风险变动，不会发生重新协商收益的可预见交易；第四，不涉及合并业务，例如收购、资产剥离或派息；第五，必须确定发生。

标准流程部分明确各种方式进行外汇对冲的流程步骤。其中以资金风险管理系统为基础进行对冲的流程包括：步骤一，针对通过系统进行的所有对冲交易，资金管理人员首先需要完成系统申请填写，在系统文档之外准备线下对冲业务记录文档，文件中必须包含一份说明，说明为何认为对冲对象实际上被确定为某种确定的事件，并在必要时进行定量分析；步骤二，对冲交易必须被指定司库部门审批人批准为可适用的对冲业务，审核要点包括对冲对象的交易是否在规定时间内、单笔对冲交易的对冲对象不应少于 50 万美元、对冲工具的到期日应和被对冲对象的交易到期日在同一个月内、对冲方案不能包含两笔交易的净流出与净流入抵消、应包括有关如何满足监管要求和对冲需求的详细信息等内容；步骤三，在对冲工具的到期日与预期被对冲交易的到期日，对冲交易执行人员联系会计顾问，以确保正确记录了对冲交易，若预测被对冲交易的时间延迟而不在同一个月内，须及时联系对冲会计进行记录；步骤四，如果在对冲开始后发生期限、金额或标的资产不匹配的情况，则需要开始执行有效性测试，或停止对冲交易。

主体责任部分对外汇风险对冲过程中的各部门职责进行了详细说明。其中，司库部门（Treasury）的职责说明如下：负责在对冲关系建立时，进行合规有效性测试与对冲有效性前瞻性评估；编制对冲计划记录和批准流程、方法论、计算模型、时间安排和日记账分录生成；通过资金风险管理系统内部批准流程确保外汇对冲合同的条款（结算货币、结算金额、到期日）与被对冲对象/预测的对应内容相匹配。按季度衡量风险时，对所有对冲关系的对冲有效性进行前瞻性和回顾性评估；衡量每种对冲关系下的对冲无效金额；持续识别和量化外汇风险对冲工具；负责监视对冲交易的发生时间和关键条款与被对冲对象的对应内容是否持续匹配。

文档规范部分明确了对冲交易过程中需填写的文件及其内容。对冲交易的通用文档包括：对预期对冲对象和相关对冲策略或方法的解释与说明、所采用的对冲会计方法说明及相关文件、被对冲风险的性质说明（即风险源）、对冲工具的说明、被对冲对象的描述、对冲工具在抵消与对冲效果方面的有效性评估、评估有效性和衡量无效性的方法解释与说明等内容。在通用文档的基础上，不同类型的对冲交易需要提供额外的文档支持。

其次，埃克森美孚建立风险管理模型体系。

埃克森美孚采用 Monte - Carlo 和 Copula 模型预测汇率波动，同时利用经过改造的 VaR 模型、ES 模型和 EvaR 模型预测风险损失；此外，在预测利率波动模型和预测利率风险损失模型的基础上，采用久期模型进行利率与期限安排，进行利率风险管理；最后，采用风险控制矩阵与热力图进行操作风险识别、风险预防与风险管理。与此同时，埃克森美孚建立了外汇风险、利率风险和操作风险监控预警指标体系，其使用历史数据波动分析法确定指标阈值，实时监控各类资金风险，对超出阈值范围的部分及时进行预警。

以建立风险控制矩阵为例。首先，埃克森美孚通过损失识别、风险监控指标分析识别等方法，识别资金业务中的操作风险；其次，召开会议讨论企业管理层对于识别出的操作风险的风险容忍度，采用定性与定量相结合的方式评估固有操作风险等级、风险控制有效性和剩余操作风险等级；再次，整合评估结果，与其他相关部门召开会议，讨论风险应对方案，形成最终的风险控制矩阵；最后，每季度召开高层管理会议，重点关注"高影响、高可能"的双高风险，并根据风险级别，评估与更新应对方案，按季度跟踪应对方案的实施情况。

特点二：将风险管理模型及预警指标体系通过资金管理系统内置化，实现智能风险管控，以外汇风险管理模型内置化为例，构建前台、中台、后台的风险管理系统。

埃克森美孚搭建了前台、中台、后台的外汇风险智能管理系统，并通过风险管理模型及预警指标体系进行风险监控。如图 4-8 所示，前台系统负责外汇敞口管理、提交外汇风险管理交易申请、按流程审批、交易信息录入以及执行对冲交易；中台系统负责信息处理、额度限制、风险分析和风险报告出具；后台系统负责结算清算、账务处理和管理报告出具。通过该风险管理系统，埃克森美孚实现了从外汇敞口管理、外汇敞口对冲申请、对冲交易管理、套保报告出具、外汇及衍生交易的风险管理、支付清算、会计核算等全流程的外汇资金风险业务管理。

前台系统支持资金管理人员对风险敞口进行分类定义（埃克森美孚将外汇敞口分为确定性敞口和高度可能敞口），系统支持针对不同敞口进行差异化流程设计；同时，前台系统支持资金管理人员根据业务人员提出的对冲需求编制对冲方案、上传对冲方案支持文档、配置审批流程、录入交易信息、进行对冲

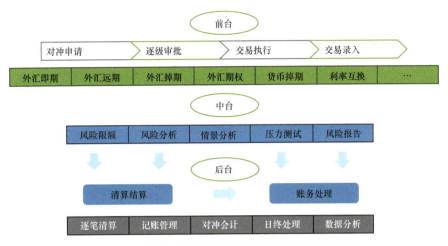

图 4-8 埃克森美孚的外汇风险智能管理系统

交易额度控制和损失试算等操作；最后，前台系统支持对对冲交易进行后续跟踪和管理，包括进行交易展期、平盘、提期到期和部分提前到期等操作。

中台系统通过对接彭博等外部市场数据，获取外汇报价、零息曲线、波动率曲线、无风险利率、货币偏移天数、大宗商品报价等信息，根据各类型敞口限额和对冲交易限额，进行外汇波动与外汇损失测试。同时，中台系统能够对对冲工具价值进行逐日盯市监控，利用 VaR 模型对对冲效果进行实时监测，应用比率法和回归法进行套期比例规划和套期有效性分析。最后，中台系统支持实时测算分币种敞口，结合敞口主体的各币种敞口限额，在金融工具持有期敞口超出限额时进行提醒和预设应对操作。

后台系统支持进行金融工具资金结算，对每笔交易进行现金流预测，及时对对冲后的资金头寸进行管理，执行资金结算；后台系统集成了会计模块与总账模块，支持生成会计记录，支持各类敞口和对冲工具进行会计核算与入账。

（本章撰写人：李阳、王龙丰　审核人：李有华、邓欣晨）

5

2024 年世界 500 强榜单变化预测

5.1 2024 年世界 500 强预测

5.1.1 2024 年世界 500 强榜单预测

2022 年全球 GDP 为 101 万亿美元，国际货币基金组织（IMF）预计 2023 年全球经济将增长 3％，据此测算 2023 年的全球 GDP 约为 104 万亿美元。由于世界 500 强收入占世界 GDP 的比重一直维持在 40％左右，据此预计 2024 年世界 500 强收入总额大约在 41.6 万亿美元；由于全球 GDP 增长率和入围门槛增长率变化趋势也具有较高一致性，据此预计 2024 年世界 500 强入围门槛增长率将增加 3％左右，约为 318 亿美元。

5.1.2 世界 500 强榜单前 10 名变化预测

综合国内外形势变化，基于国内外企业 2022 财年年度报告，对 2024 年世界 500 强排名情况进行了分析预判。

沃尔玛营业收入连续 10 年排名第一，考虑其零售、电商、广告等业务的持续增长，预计 2024 年沃尔玛仍将位居榜单第一。亚马逊营业收入近 5 年来平均增长率高达 20％以上，2022 年虽有所下降，但仍近 10％。根据亚马逊北美、国际和云服务业务增长趋势测算，预计 2023 年亚马逊营业收入大概率超过国家电网，位居沃尔玛之后。

在研究石油企业收入增幅方面，统筹考虑 2023 年全球能源供求关系将继续偏紧，能源价格大概率保持高位波动的基本面[13]，以 2022 年营业收入为基期数，采用各公司近 4 年的平均收入增长率测算，并辅以 2023 年各企业披露的半年报数据的 2 倍数据作为参照。分析认为，2023 年中国石化、中国石油、沙特阿美、埃克森美孚、壳牌公司等巨头的营业收入将继续保持增长，但营业收入增速放缓，且不同企业之间仍存在差异：中国石化、中国石油、沙特阿美等经营实力较为稳健的企业预测将进入榜单前 5 名，而埃克森美孚、壳牌公司预测将进入榜单前 10 名。

2023 年世界 500 强榜单中，1 家医疗保健行业公司进入榜单前 10 名，前 20 名中有 2 家医疗保健行业公司，分别是 CVS Health 公司和联合健康集团，根据这 2 家医疗企业的半年报数据和近 5 年的平均增长率预测，预计 2024 年上榜医疗保健企业排名保持稳定。

5.2　世界 500 强行业分布趋势预测

5.2.1　能源行业

受新冠疫情、极端天气、俄乌冲突等一系列不确定性因素的影响，全球当前正面临着严峻的能源危机。根据英国石油公司（BP）发布的《2023 年世界能源展望》报告所述，对能源短缺和易受地缘政治事件影响的担忧，所引发的对能源安全的日益关注，可能促使各国和各区域努力减少对进口能源的依赖，转而消费更多的国内生产的能源[13]。

综观 2023 年全年，IEA 预测全球石油需求将达到 1.021 亿桶/日，需求增长的预期降至 220 万桶/日，低于上年 230 万桶/日的增幅；2023 年全球煤炭需求将增长 1.2%，创历史新高，首次超过 80 亿 t，俄乌冲突导致的天然气短缺是煤炭需求飙升的主要原因，用于发电的煤炭使用量增加了 2%；在电力需求方面，IEA 对 2023—2025 年全球电力市场发展情况做出预测，天然气发电量和燃煤发电量将大致保持平稳。

值得关注的是，对俄乌冲突引发的能源危机促使各国越来越多地转向太阳能和风能为主的可再生能源。IEA 预测，在 2023 年安装的可再生能源装机容量将快速增长，飙升至 440GW 以上，同比增长 107GW。可再生能源发电能力的增幅预计达 30%，太阳能发电和风能发电是推动全球可再生能源电力装机容量激增的主力。太阳能光伏仍将是全球可再生能源容量扩张的主要来源，占增长的 65％；而随着中国、美国和欧洲因新冠疫情和供应链中断而推迟的项目相继完工，预计全球风力发电能力也将同比增长 70％[14]。

　　除能源需求增长外，能源价格增长也同样影响能源企业经营业绩。俄乌冲突使能源市场出现动荡，导致 2022 年欧洲和亚洲的石油、天然气、煤炭等化石燃料价格创下历史新高。世界银行发布的《大宗商品市场展望》预计，2023 年全球原油、天然气和煤炭等主要能源价格将有所下降，但仍将远高于过去 5 年的平均水平[15]。

　　综合考虑，2023 年全球能源供求关系将继续偏紧，能源价格大概率将保持高位波动。能源电力行业收入水平将持续提升，预计 2023 年上榜的能源企业在 2024 年排名将继续提升。

5.2.2　汽车行业

　　汽车制造业是当今世界带动效应较强、影响力较大的产业之一。汽车制造业的发展进步对提升制造业总体水平，提高供给体系质量和水平具有重要意义。

　　从世界 500 强榜单来看，2001—2021 年日本上榜车企数量居于榜单首位，最多有 13 家车企上榜；加入世界贸易组织时，中国没有汽车工业企业的规模达到上榜标准，2004 年上汽集团首次入榜，位列第 461 位。2023 年全球上榜车企数量为 34 家，日本上榜车企降至 7 家，中国上榜车企升至 9 家，跻身全球最大汽车企业行列。

　　随着环保意识的日益增强和科技的不断进步，新能源汽车市场在近年来得到了快速发展。2023 年中国上榜的 9 家车企中，比亚迪以其新能源技术优势，营业收入达到 630 亿美元，从 2022 年排行榜第 436 位跃升至 2023 年的第 212 位。宁德时代以 488 亿美元的营业收入首次入榜，位列第 292 位。随着环保政策的趋严和技术的不断进步，2023 年新能源汽车市场将继续保持增长态势。

自 2020 年后，由于新冠疫情、半导体及供应链问题的限制，全球汽车销售量持续承压。根据经济学人情报部（EIU）、英国汽车调研公司（JATO Dynamic）等研究机构近期发布的报告，预计 2023 年全球新车销量总体将与 2022 年的 7900 万辆基本保持一致[16][17]。

考虑到新能源汽车市场规模将持续扩大，更多新能源车企有望进入 2024 年世界 500 强榜单，综合预计 2024 年上榜的车企数量保持在 35 家左右。

5.2.3　互联网行业

2023 年世界 500 强榜单中共有 9 家互联网企业上榜，除了新上榜企业和 Alphabet 公司，其他上榜互联网企业排名较上年均有不同程度地下降。互联网零售作为互联网行业的一大主体，在经过新冠疫情带来的高速增长后，加上 2022 年互联网零售行业已经基本完成了一轮洗牌，行业整体进入更成熟稳定的发展新阶段。

2023 年，随着全球化进程的不断推进和数字技术的飞速发展，加上经过新冠疫情后，消费者的消费习惯发生了结构性转变，消费线上化趋势下，全球零售电商市场仍有一定增长潜力。Statista 预计，2023 年零售电商总收入将达 6.3 万亿美元，其中亚洲的零售电商总收入将超过 2 万亿美元，是各区域市场中最高的；第二高的地区是美洲，约为 1.1 万亿美元；非洲电商收入规模仍将是全球最小的，约为 440 亿美元。作为世界最大的电商市场，中国跨境电商动能依然十足。随着《区域全面经济伙伴关系协定》（RCEP）生效落地，有利于提高跨境电商出海便利度，推动东南亚跨境电商经济快速发展。

综合考虑，2023 年互联网行业仍将保持稳健发展态势，预计上榜企业排名将小幅回升。

（本章撰写人：张佳颖、朱永娟　审核人：李有华）

6

结束语

当前，世界百年未有之大变局正在加速演进，国家经济竞争力发生着结构性的深刻调整。窥一斑而见其貌，《财富》世界 500 强榜单，以其一贯的排名标准简洁清晰、涵盖范围广泛，得到了更多关注。人们或许都清楚，这个"强"不过是"大"而已，而"大"不能代表就是"强"。研究团队这些年，也是在这样的质疑和讨论声中，坚持着一年一年盯住不放，因为，对于发展中的中国以及能源电力增量规模、增长速度仍然居高不下的中国而言，必须感受世界、了解世界，遍观周遭与过往，又有几个和"500 强榜单"一样的参考坐标？它不完善更不完美，但是，它是我们看世界时，知道自己与世界关系的一个考量，一个能源电力行业思考国际化的触发契机。

千帆竞发，百舸争流，世界发展的大潮不会因为我们看不看而停止波涛汹涌。2023 年，世界 500 强营业收入上榜门槛水涨船高，由 2022 年的 286 亿美元提高到 309 亿美元，增长 7.9％。上榜 500 强企业营业收入合计 41.0 万亿美元，比上年增长 8.4％，相当于 2022 年全球 GDP 的 40.5％。但受全球经济增速放缓影响，净利润合计 2.9 万亿美元，同比减少了 6.5％。

本报告以 2023 年世界 500 强榜单上榜企业的排名变化、经营与财务状况等数据为基础，分析了榜单反映的世界经济发展情况、行业结构演变趋势、中国企业发展特征、电力企业经营状况，并预测了 2024 年世界 500 强榜单的变化趋势。作为结束本书之时，再把我们观察到的和关心本书的读者们讲一讲，一起再穿行一次拥挤着"企业号"巨轮的航道。

我们发现，从上榜企业的国家数量看，中国、美国并驾齐驱共同领跑全球的判断仍是确定的结论，而从行业结构变迁看，金融行业利润占比下降，能源行业经营效益稳步提升，互联网行业总体稳定，这也正是我们看到的全球现实。

我们注意到，从头部企业排名变化来看，排名上升最为明显的是国外能源企业，其中德国 Uniper 公司重回榜单，首次进入前 20，位居第 16 位，埃克森美孚、壳牌公司时隔两年重回榜单前 10 名，排名分别较上年提升 5 位、6 位。

看来，变革动荡的世界，能源安全焦虑正在抬头。

我们看看自己，从中国上榜企业变化来看，2023 年，中国上榜企业营业收入规模 11.7 万亿美元，是 2013 年 5.2 万亿美元的 2 倍多。上榜企业覆盖世界 500 强 55 个行业中的 32 个，其中在工程与建筑、金属产品、商业储蓄银行等 17 个行业营业收入排名世界第一。但我们需要提醒的是，中国上榜企业行业覆盖与经营业绩主要集中在传统领域，产业结构升级这一关系国家竞争力的关键命题，还需要中国企业界继续作答。

聚焦到上榜的电力企业，上榜数量近年一直在减少，全球电力行业转型之艰巨，由此可见。2023 年，从国别分布看，中国有 7 家电力企业上榜，数量仍居各国首位；排名提升较大的电力企业有 Uniper 公司和莱茵集团。从盈利能力来看，欧洲电力企业收入利润率整体高于中国上榜电力企业；从资产质量来看，中国上榜的两家电网企业总资产周转率好于 5 家发电企业；偿债能力来看，五大发电集团中，除国家能源集团资产负债率低于中位数水平，其他发电集团均高于中位数水平；从收入增长来看，中国上榜 7 家电力企业收入增长率均低于中位数水平。这些"流水账"，个中滋味，需要体会。

美国《财富》杂志在开始榜单时，意识到可以使用"合理数量"的企业群基础数据统计，既可以解决工作量问题，又能推测整个企业界或经济体的发展趋势。或许，这也是悟出了"大道至简"吧。研究团队循此预测，2024 年世界 500 强企业营业收入总额约增长 3%，从未来行业分布趋势来看，综合考虑能源量价双升影响，预计 2023 年能源企业排名将继续回升；更多新能源车企有望进入 2023 年世界 500 强榜单；互联网行业仍将保持稳健发展态势，预计上榜企业排名将小幅回升。

准不准？我们不一定能准确预判，但和亲爱的读者一起，让我们也有了期待。明年见！

（本章撰写人：张佳颖　审核人：李有华）

附录 1 2023 年世界 500 强企业排行榜

百万美元

2023 年排名	2022 年排名	公司名称	国别	收入	利润
1	1	沃尔玛百货有限公司	美国	611 289	11 680
2	6	沙特阿拉伯国家石油公司	沙特阿拉伯	603 651	159 069
3	3	国家电网有限公司	中国	530 009	8192
4	2	亚马逊公司	美国	513 983	− 2722
5	4	中国石油天然气集团有限公司	中国	483 019	21 080
6	5	中国石油化工集团有限公司	中国	471 154	9657
7	12	埃克森美孚公司	美国	413 680	55 740
8	7	苹果公司	美国	394 328	99 803
9	15	英荷壳牌石油公司	英国	386 201	42 309
10	11	联合健康集团	美国	324 162	20 120
11	10	CVS Health 公司	美国	322 467	4149
12	19	托克集团	新加坡	318 476	6994
13	9	中国建筑集团有限公司	中国	305 885	4234
14	14	伯克希尔·哈撒韦公司	美国	302 089	− 22 819
15	8	大众汽车公司	德国	293 685	15 223
16	—	Uniper 公司	德国	288 309	− 19 961
17	17	Alphabet 公司	美国	282 836	59 972
18	16	麦克森公司	美国	276 711	3560
19	13	丰田汽车公司	日本	274 491	18 110
20	27	道达尔能源公司	法国	263 310	20 526
21	23	嘉能可公司	瑞士	255 984	17 320
22	35	英国石油公司	英国	248 891	− 2487
23	37	雪佛龙公司	美国	246 252	35 465

续表

2023 年排名	2022 年排名	公司名称	国别	收入	利润
24	21	美源伯根公司	美国	238 587	1699
25	18	三星电子公司	韩国	234 129	42 398
26	26	开市客公司	美国	226 954	5844
27	20	鸿海精密工业股份有限公司	中国	222 535	4751
28	22	中国工商银行股份有限公司	中国	214 766	53 589
29	24	中国建设银行股份有限公司	中国	202 753	48 145
30	33	微软股份有限公司	美国	198 270	72 738
31	29	Stellantis 集团	荷兰	188 888	17 669
32	28	中国农业银行股份有限公司	中国	187 061	38 524
33	25	中国平安保险（集团）股份有限公司	中国	181 566	12 454
34	36	嘉德诺健康集团	美国	181 364	− 933
35	30	信诺保险集团	美国	180 516	6668
36	49	马拉松原油公司	美国	180 012	14 516
37	74	Phillips 66 公司	美国	175 702	11 024
38	31	中国中化控股有限责任公司	中国	173 834	− 1
39	34	中国铁路工程集团有限公司	中国	171 669	2035
40	82	瓦莱罗能源公司	美国	171 189	11 528
41	52	俄罗斯天然气工业股份公司	俄罗斯	167 832	17 641
42	65	中国海洋石油集团有限公司	中国	164 762	16 988
43	39	中国铁道建筑集团有限公司	中国	163 037	1800
44	44	中国宝武钢铁集团有限公司	中国	161 698	2493
45	41	三菱商事株式会社	日本	159 371	8723
46	53	福特汽车公司	美国	158 057	− 1981
47	38	梅赛德斯 - 奔驰集团股份公司	德国	157 782	15 252
48	43	家得宝公司	美国	157 403	17 105
49	42	中国银行股份有限公司	中国	156 924	33 811
50	64	通用汽车公司	美国	156 735	9934
51	50	Elevance Health 公司	美国	156 595	6025

续表

2023 年排名	2022 年排名	公司名称	国别	收入	利润
52	46	京东集团股份有限公司	中国	155 533	1543
53	63	摩根大通公司	美国	154 792	37 676
54	40	中国人寿保险公司	中国	151 487	6859
55	95	法国电力公司	法国	150 902	− 18 869
56	114	Equinor 公司	挪威	150 806	28 746
57	59	宝马集团	德国	149 991	18 870
58	51	克罗格公司	美国	148 258	2244
59	90	意大利国家电力公司	意大利	147 790	1769
60	66	Centene 公司	美国	144 547	1202
61	111	埃尼石油公司	意大利	140 607	14 606
62	57	中国移动通信集团有限公司	中国	139 597	14 718
63	60	中国交通建设集团有限公司	中国	138 270	1255
64	54	威瑞森电信公司	美国	136 835	21 256
65	58	中国五矿集团有限公司	中国	133 541	877
66	45	沃博联公司	美国	132 703	4337
67	47	安联保险集团	德国	129 059	7087
68	55	阿里巴巴集团控股有限公司	中国	126 813	10 625
69	77	厦门建发集团有限公司	中国	125 971	454
70	61	本田汽车集团	日本	124 912	4813
71	128	巴西国家石油公司	巴西	124 474	36 623
72	69	山东能源集团有限公司	中国	124 089	33
73	112	意昂集团	德国	121 646	1926
74	70	中国华润有限公司	中国	121 643	4662
75	93	房利美公司	美国	121 596	12 923
76	85	国家能源投资集团有限责任公司	中国	121 584	5699
77	73	美国康卡斯特电信公司	美国	121 427	5370
78	32	美国电话电报公司	美国	120 741	− 8524
79	62	德国电信公司	德国	120 108	8415

续表

2023 年排名	2022 年排名	公司名称	国别	收入	利润
80	166	墨西哥石油公司	墨西哥	118 537	4994
81	71	Meta Platforms 公司	美国	116 609	23 200
82	105	美国银行公司	美国	115 053	27 528
83	89	中国南方电网有限责任公司	中国	113 674	1516
84	68	上海汽车集团股份有限公司	中国	110 612	2396
85	92	现代汽车公司	韩国	110 412	5705
86	81	中国邮政集团有限公司	中国	110 271	4897
87	91	中粮集团有限公司	中国	110 222	1766
88	104	信实工业公司	印度	109 523	8307
89	130	Engie 集团	法国	109 175	227
90	87	美国塔吉特公司	美国	109 120	2780
91	48	法国安盛公司	法国	109 067	7021
92	117	SK 集团	韩国	105 959	851
93	88	三井物产株式会社	日本	105 694	8353
94	142	印度石油公司	印度	105 349	1219
95	106	厦门国贸控股集团有限公司	中国	103 090	290
96	78	日本伊藤忠商事株式会社	日本	103 029	5914
97	86	戴尔科技公司	美国	102 301	2442
98	124	ADM 公司	美国	101 556	4340
99	141	花旗集团	美国	101 078	14 845
100	102	中国中信集团有限公司	中国	100 769	3904
101	97	联合包裹速递服务公司	美国	100 338	11 548
102	137	辉瑞制药有限公司	美国	100 330	31 372
103	99	德国邮政敦豪集团	德国	99 324	5636
104	146	西班牙国家银行	西班牙	99 231	10 102
105	100	中国电力建设集团有限公司	中国	99 020	621
106	103	雀巢公司	瑞士	98 931	9712
107	98	印度人寿保险公司	印度	98 535	4483

续表

2023 年排名	2022 年排名	公司名称	国别	收入	利润
108	101	美国劳氏公司	美国	97 059	6437
109	83	日本电报电话公司	日本	97 049	8962
110	177	泰国国家石油有限公司	泰国	96 162	2604
111	96	华为投资控股有限公司	中国	95 490	5283
112	107	强生公司	美国	94 943	17 941
113	80	中国医药集团有限公司	中国	94 075	1101
114	129	联邦快递公司	美国	93 512	3826
115	127	中国远洋海运集团有限公司	中国	93 181	6233
116	132	哈门那公司	美国	92 870	2806
117	158	博枫公司	加拿大	92 769	2056
118	108	博世集团	德国	92 766	1367
119	109	巴斯夫公司	德国	91 847	− 660
120	110	中国人民保险集团股份有限公司	中国	91 535	3639
121	115	皇家阿霍德德尔海兹集团	荷兰	91 486	2678
122	140	引能仕控股株式会社	日本	91 437	1062
123	75	恒力集团有限公司	中国	90 944	356
124	76	正威国际集团有限公司	中国	90 498	1497
125	119	家乐福集团	法国	90 062	1418
126	184	Energy Transfer 公司	美国	89 876	4756
127	123	法国巴黎银行	法国	89 564	10 724
128	135	州立农业保险公司	美国	89 328	− 6654
129	147	Seven & I 控股公司	日本	88 078	2095
130	149	汇丰银行控股公司	英国	87 807	16 035
131	79	中国第一汽车集团有限公司	中国	87 679	3846
132	131	中国电信集团有限公司	中国	87 166	2061
133	191	房地美公司	美国	86 717	9327
134	84	法国农业信贷银行	法国	86 471	5718
135	143	百事公司	美国	86 392	8910

续表

2023 年排名	2022 年排名	公司名称	国别	收入	利润
136	180	浙江荣盛控股集团有限公司	中国	86 166	170
137	72	意大利忠利保险公司	意大利	85 750	3063
138	120	物产中大集团股份有限公司	中国	85 710	581
139	216	马来西亚国家石油公司	马来西亚	85 365	20 999
140	116	索尼公司	日本	85 255	6923
141	223	印尼国家石油公司	印度尼西亚	84 888	3807
142	160	厦门象屿集团有限公司	中国	83 639	300
143	156	迪奥公司	法国	83 283	6097
144	134	美国富国银行	美国	82 859	13 182
145	183	华特迪士尼公司	美国	82 722	3145
146	136	中国兵器工业集团有限公司	中国	82 689	1788
147	121	腾讯控股有限公司	中国	82 440	27 984
148	94	日本邮政控股公司	日本	82 291	3185
149	284	康菲石油公司	美国	82 156	18 680
150	144	中国航空工业集团有限公司	中国	81 671	1528
151	206	马士基集团	丹麦	81 529	29 198
152	242	特斯拉公司	美国	81 462	12 556
153	113	株式会社日立制作所	日本	80 389	4796
154	154	宝洁公司	美国	80 187	14 742
155	153	安赛乐米塔尔集团	卢森堡	79 844	9302
156	126	TESCO 集团	英国	79 687	903
157	150	太平洋建设集团有限公司	中国	79 478	5188
158	190	印度石油天然气公司	印度	78 746	4414
159	151	美国邮政公司	美国	78 620	56 046
160	161	日产汽车公司	日本	78 287	1639
161	155	交通银行股份有限公司	中国	78 213	13 699
162	159	西门子股份公司	德国	77 860	4027
163	163	晋能控股集团有限公司	中国	77 761	359

续表

2023 年排名	2022 年排名	公司名称	国别	收入	利润
164	170	艾伯森公司	美国	77 650	1514
165	186	广州汽车工业集团有限公司	中国	77 345	623
166	139	中国铝业集团有限公司	中国	76 946	1698
167	165	通用电气公司	美国	76 555	225
168	225	台积公司	中国	76 022	33 343
169	209	陕西煤业化工集团有限责任公司	中国	75 871	1386
170	133	慕尼黑再保险集团	德国	75 747	3610
171	176	江西铜业集团有限公司	中国	74 927	464
172	199	山东魏桥创业集团有限公司	中国	74 923	931
173	178	万科企业股份有限公司	中国	74 901	3362
174	192	丰益国际集团	新加坡	73 399	2403
175	152	招商局集团有限公司	中国	73 283	8474
176	172	丰田通商公司	日本	72 760	2099
177	194	巴西 JBS 公司	巴西	72 626	2995
178	251	雷普索尔公司	西班牙	72 536	4471
179	174	招商银行股份有限公司	中国	72 317	20 517
180	213	必和必拓集团	澳大利亚	71 502	30 900
181	164	日本生命保险公司	日本	71 213	873
182	167	第一生命控股有限公司	日本	70 329	1421
183	173	大都会人寿保险公司	美国	69 898	2539
184	169	瑞士罗氏公司	瑞士	69 596	13 014
185	195	高盛集团	美国	68 711	11 261
186	261	西斯科公司	美国	68 636	1359
187	240	三菱日联金融集团	日本	68 567	8249
188	122	东风汽车集团有限公司	中国	68 416	1211
189	148	日本永旺集团	日本	67 985	159
190	157	丸红株式会社	日本	67 898	4012
191	181	中国保利集团有限公司	中国	67 696	1288

续表

2023年排名	2022年排名	公司名称	国别	收入	利润
192	182	中国太平洋保险（集团）股份有限公司	中国	67 696	3658
193	162	北京汽车集团有限公司	中国	67 282	296
194	219	邦吉公司	美国	67 232	1610
195	197	雷神技术公司	美国	67 074	5197
196	212	起亚公司	韩国	67 055	4191
197	204	波音公司	美国	66 608	− 4935
198	327	StoneX集团	美国	66 036	207
199	185	洛克希德·马丁公司	美国	65 984	5732
200	211	摩根士丹利公司	美国	65 936	11 029
201	188	浦项制铁控股公司	韩国	65 850	2446
202	218	万喜集团	法国	65 750	4479
203	330	奥地利石油天然气集团	奥地利	65 523	3897
204	187	LG电子公司	韩国	64 953	927
205	125	绿地控股集团股份有限公司	中国	64 802	150
206	138	碧桂园控股有限公司	中国	63 979	− 900
207	333	伊塔乌联合银行控股公司	巴西	63 884	5755
208	220	法国兴业银行	法国	63 417	2122
209	215	中国华能集团有限公司	中国	63 284	1125
210	205	联合利华集团	英国	63 182	8038
211	145	英特尔公司	美国	63 054	8014
212	436	比亚迪股份有限公司	中国	63 041	2471
213	202	惠普公司	美国	62 983	3203
214	308	Alimentation Couche‐Tard公司	加拿大	62 810	2683
215	451	TD Synnex公司	美国	62 344	651
216	424	波兰国营石油公司	波兰	62 326	7520
217	171	联想集团有限公司	中国	61 947	1608
218	193	松下控股公司	日本	61 903	1962
219	207	空中客车公司	荷兰	61 805	4467

续表

2023 年排名	2022 年排名	公司名称	国别	收入	利润
220	268	埃森哲公司	爱尔兰	61 594	6877
221	250	日本出光兴产株式会社	日本	61 424	1874
222	241	盛虹控股集团有限公司	中国	61 251	428
223	208	兴业银行股份有限公司	中国	60 962	13 584
224	168	国际商业机器公司	美国	60 530	1639
225	229	浙江吉利控股集团有限公司	中国	60 396	945
226	221	HCA 医疗保健公司	美国	60 233	5643
227	175	保德信金融集团	美国	60 050	− 1438
228	276	路易达孚集团	荷兰	59 931	1006
229	189	河钢集团有限公司	中国	59 563	50
230	265	卡特彼勒公司	美国	59 427	6705
231	262	默沙东公司	美国	59 283	14 519
232	230	德国联邦铁路公司	德国	59 210	− 262
233	295	巴拉特石油公司	印度	59 114	265
234	455	World Kinect 公司	美国	59 043	114
235	236	印度国家银行	印度	58 951	6930
236	214	日本制铁集团公司	日本	58 923	5127
237	368	巴登—符滕堡州能源公司	德国	58 901	1828
238	263	美国纽约人寿保险公司	美国	58 445	− 1127
239	343	Enterprise Products Partners 公司	美国	58 186	5490
240	227	艾伯维公司	美国	58 054	11 836
241	239	百威英博公司	比利时	57 786	5969
242	290	东京电力公司	日本	57 616	− 913
243	329	Plains GP Holdings 公司	美国	57 342	168
244	264	浙江恒逸集团有限公司	中国	57 332	− 153
245	235	陶氏公司	美国	56 902	4582
246	304	伊维尔德罗拉公司	西班牙	56 741	4564
247	196	中国建材集团有限公司	中国	56 514	629

续表

2023 年排名	2022 年排名	公司名称	国别	收入	利润
248	255	美国国际集团	美国	56 437	10 276
249	244	Talanx 公司	德国	56 029	1233
250	270	俄罗斯联邦储蓄银行	俄罗斯	55 877	3959
251	465	巴西银行	巴西	55 870	5353
252	233	中国电子科技集团有限公司	中国	55 848	2665
253	320	美国运通公司	美国	55 625	7514
254	201	力拓集团	英国	55 554	12 420
255	283	大众超级市场公司	美国	54 942	2918
256	269	中国能源建设集团有限公司	中国	54 890	545
257	238	青山控股集团有限公司	中国	54 711	1457
258	249	韩国电力公司	韩国	54 650	− 18 954
259	357	KOC 集团	土耳其	54 467	4216
260	226	上海浦东发展银行股份有限公司	中国	54 028	7607
261	259	特许通讯公司	美国	54 022	5055
262	260	国家电力投资集团有限公司	中国	54 022	744
263	252	圣戈班集团	法国	53 847	3158
264	—	戴姆勒卡车控股股份公司	德国	53 582	2803
265	254	拜耳集团	德国	53 365	4365
266	292	美国泰森食品股份有限公司	美国	53 282	3238
267	267	中国联合网络通信股份有限公司	中国	52 766	1085
268	318	迪尔公司	美国	52 577	7131
269	257	陕西延长石油（集团）有限责任公司	中国	52 224	870
270	307	加拿大皇家银行	加拿大	52 062	12 265
271	248	诺华公司	瑞士	51 828	6955
272	243	中国船舶集团有限公司	中国	51 799	2710
273	439	巴西布拉德斯科银行	巴西	51 587	4066
274	274	思科公司	美国	51 557	11 812
275	289	美国全国保险公司	美国	51 450	988

续表

2023 年排名	2022 年排名	公司名称	国别	收入	利润
276	246	好事达公司	美国	51 412	− 1311
277	384	Cenovus Energy 公司	加拿大	51 406	4956
278	245	美的集团股份有限公司	中国	51 393	4393
279	224	中国机械工业集团有限公司	中国	51 126	− 409
280	478	达美航空公司	美国	50 582	1318
281	305	利安德巴塞尔工业公司	荷兰	50 451	3882
282	279	住友商事株式会社	日本	50 370	4176
283	217	鞍钢集团有限公司	中国	50 041	608
284	285	美国利宝互助保险集团	美国	49 956	414
285	280	TJX 公司	美国	49 936	3498
286	237	雷诺汽车公司	法国	49 924	− 356
287	286	前进保险公司	美国	49 611	722
288	256	德国艾德卡公司	德国	49 481	416
289	339	金川集团股份有限公司	中国	49 467	1113
290	253	东京海上日动火灾保险公司	日本	49 119	2781
291	479	美国航空集团	美国	48 971	127
292	—	宁德时代新能源科技股份有限公司	中国	48 849	4568
293	—	Energi Danmark 集团	丹麦	48 717	1251
294	366	多伦多道明银行	加拿大	48 700	13 535
295	234	软银集团	日本	48 542	− 7167
296	306	韩华集团	韩国	48 245	1017
297	425	荷兰国际集团	荷兰	48 062	12 754
298	362	CHS 公司	美国	47 792	1679
299	303	赛诺菲公司	法国	47 738	8804
300	282	法国 BPCE 银行集团	法国	47 723	4156
301	398	Raízen 公司	巴西	47 721	474
302	247	沃达丰集团	英国	47 550	12 316
303	278	电装公司	日本	47 292	2325

续表

2023 年排名	2022 年排名	公司名称	国别	收入	利润
304	468	Performance Food Group 公司	美国	47 194	113
305	—	HD 现代公司	韩国	47 138	1091
306	—	PBF Energy 公司	美国	46 830	2877
307	323	沃尔沃集团	瑞典	46 828	3236
308	313	耐克公司	美国	46 710	6046
309	314	法国布伊格集团	法国	46 696	1023
310	302	浙江省交通投资集团有限公司	中国	46 617	859
311	258	百思买集团	美国	46 298	1419
312	301	百时美施贵宝公司	美国	46 159	6327
313	299	苏商建设集团有限公司	中国	46 138	1357
314	287	英格卡集团	荷兰	46 135	315
315	310	采埃孚集团	德国	46 068	239
316	296	瑞士再保险股份有限公司	瑞士	45 998	472
317	293	EXOR 集团	荷兰	45 977	4446
318	352	西班牙对外银行	西班牙	45 766	6752
319	271	Orange 公司	法国	45 721	2257
320	386	敬业集团有限公司	中国	45 705	329
321	388	日本三井住友金融集团	日本	45 378	5954
322	470	GS 加德士公司	韩国	45 343	2161
323	326	中国华电集团有限公司	中国	45 113	1021
324	427	法国威立雅环境集团	法国	45 105	753
325	374	巴克莱集团	英国	45 023	7309
326	—	联合航空控股公司	美国	44 955	737
327	457	森科能源公司	加拿大	44 928	6975
328	355	赛默飞世尔科技公司	美国	44 915	6950
329	273	中国民生银行股份有限公司	中国	44 582	5243
330	344	德国蒂森克虏伯集团	德国	44 502	1229
331	381	阿斯利康制药有限公司	英国	44 351	3288

续表

2023 年排名	2022 年排名	公司名称	国别	收入	利润
332	231	巴西淡水河谷公司	巴西	44 287	18 788
333	311	和硕公司	中国	44 273	507
334	429	高通公司	美国	44 200	12 936
335	272	伍尔沃斯集团	澳大利亚	44 126	5754
336	319	乔治威斯顿公司	加拿大	43 838	1396
337	370	印度塔塔汽车公司	印度	43 661	301
338	325	雅培公司	美国	43 653	6933
339	382	KB 金融集团	韩国	43 622	3405
340	335	法国国营铁路集团	法国	43 594	2551
341	315	中国兵器装备集团公司	中国	43 429	1015
342	338	安达保险公司	瑞士	43 166	5313
343	294	葛兰素史克集团	英国	43 035	18 439
344	359	可口可乐公司	美国	43 004	9542
345	349	广达电脑公司	中国	42 997	972
346	316	费森尤斯集团	德国	42 954	1443
347	345	瑞银集团	瑞士	42 950	7630
348	291	江苏沙钢集团有限公司	中国	42 784	558
349	275	墨西哥美洲电信公司	墨西哥	42 724	3788
350	404	日本瑞穗金融集团	日本	42 693	4104
351	321	上海建工集团股份有限公司	中国	42 522	202
352	348	甲骨文股份有限公司	美国	42 440	6717
353	437	Rajesh Exports 公司	印度	42 306	178
354	350	德意志银行	德国	42 285	5701
355	300	西班牙电话公司	西班牙	42 063	2115
356	297	中国中煤能源集团有限公司	中国	41 997	1877
357	281	日本 KDDI 电信公司	日本	41 902	5005
358	179	苏黎世保险集团	瑞士	41 750	4603
359	431	山西焦煤集团有限责任公司	中国	41 662	355

2023 年排名	2022 年排名	公司名称	国别	收入	利润
360	266	小米集团	中国	41 631	368
361	389	纽柯公司	美国	41 513	7607
362	312	德国大陆集团	德国	41 449	70
363	356	新希望控股集团有限公司	中国	41 426	8
364	396	德迅集团	瑞士	41 278	2770
365	375	Enbridge 公司	加拿大	40 964	2308
366	347	美国教师退休基金会	美国	40 911	494
367	495	莱茵集团	德国	40 352	2858
368	324	中国电子信息产业集团有限公司	中国	40 326	− 501
369	395	万通互惠理财公司	美国	40 281	1485
370	367	欧莱雅集团	法国	40 241	6002
371	369	LG 化学公司	韩国	40 241	1430
372	390	现代摩比斯公司	韩国	40 210	1925
373	407	紫金矿业集团股份有限公司	中国	40 187	2979
374	—	韩国天然气公司	韩国	40 069	1157
375	377	日本明治安田生命保险公司	日本	40 018	634
376	406	新加坡奥兰集团	新加坡	39 836	457
377	441	顺丰控股股份有限公司	中国	39 765	918
378	475	台湾中油股份有限公司	中国	39 427	− 6299
379	361	通用动力公司	美国	39 407	3390
380	360	广州市建筑集团有限公司	中国	39 258	150
381	364	中国核工业集团有限公司	中国	39 054	1281
382	358	日本钢铁工程控股公司	日本	38 925	1201
383	298	意大利联合圣保罗银行	意大利	38 836	4579
384	309	MS&AD 保险集团控股有限公司	日本	38 796	1193
385	334	中国太平保险集团有限责任公司	中国	38 706	116
386	443	第一资本金融公司	美国	38 373	7360
387	—	HF Sinclair 公司	美国	38 205	2923

2023 年排名	2022 年排名	公司名称	国别	收入	利润
388	394	菲尼克斯医药公司	德国	38 045	252
389	413	蜀道投资集团有限责任公司	中国	38 019	646
390	342	森宝利公司	英国	37 910	249
391	372	深圳市投资控股有限公司	中国	37 888	907
392	—	Nutrien 公司	加拿大	37 884	7660
393	419	Dollar General 公司	美国	37 845	2416
394	392	麦格纳国际集团	加拿大	37 840	592
395	397	怡和集团	中国	37 724	354
396	411	中国大唐集团有限公司	中国	37 606	182
397	—	哥伦比亚国家石油公司	哥伦比亚	37 547	7435
398	477	X5 零售集团	荷兰	37 494	651
399	232	加拿大鲍尔集团	加拿大	37 419	1510
400	341	中国航天科工集团有限公司	中国	37 371	2167
401	—	荷兰 GasTerra 能源公司	荷兰	37 338	38
402	412	龙湖集团控股有限公司	中国	37 249	3622
403	340	法国邮政公司	法国	37 224	1265
404	415	艾睿电子公司	美国	37 124	1427
405	—	西方石油公司	美国	37 095	13 304
406	—	巴西联邦储蓄银行	巴西	37 066	1894
407	351	三菱电机股份有限公司	日本	36 967	1580
408	387	西北互助人寿保险公司	美国	36 921	912
409	410	Travelers 公司	美国	36 884	2842
410	328	首钢集团有限公司	中国	36 853	189
411	336	杭州钢铁集团有限公司	中国	36 818	246
412	434	新疆中泰（集团）有限责任公司	中国	36 762	112
413	399	美国诺斯洛普格拉曼公司	美国	36 602	4896
414	—	广州工业投资控股集团有限公司	中国	36 589	234
415	456	加拿大丰业银行	加拿大	36 390	7701

续表

2023 年排名	2022 年排名	公司名称	国别	收入	利润
416	—	赫伯罗特公司	德国	36 331	17 912
417	379	联合服务汽车协会	美国	36 297	− 1296
418	354	大和房建集团	日本	36 261	2278
419	405	海尔智家股份有限公司	中国	36 201	2187
420	317	仁宝电脑公司	中国	36 040	245
421	420	施耐德电气公司	法国	35 945	3657
422	380	Finatis 公司	法国	35 851	− 155
423	371	ELO 集团	法国	35 799	35
424	—	西班牙能源集团	西班牙	35 723	1734
425	417	霍尼韦尔国际公司	美国	35 466	4966
426	467	广州医药集团有限公司	中国	35 383	311
427	—	广东省广新控股集团有限公司	中国	35 368	356
428	365	西班牙 ACS 集团	西班牙	35 355	703
429	—	Vibra Energia 公司	巴西	35 155	298
430	331	英美资源集团	英国	35 118	4514
431	346	泰康保险集团股份有限公司	中国	34 837	1615
432	—	陕西建工控股集团有限公司	中国	34 735	391
433	—	蒙特利尔银行	加拿大	34 730	10 513
434	385	中国中车集团有限公司	中国	34 697	902
435	428	Coop 集团	瑞士	34 684	589
436	400	铜陵有色金属集团控股有限公司	中国	34 590	5
437	373	SK 海力士公司	韩国	34 567	1727
438	430	上海医药集团股份有限公司	中国	34 486	835
439	—	汉莎集团	德国	34 466	832
440	458	山东高速集团有限公司	中国	34 455	445
441	449	铃木公司	日本	34 292	1634
442	401	三菱化学集团	日本	34 239	710
443	402	3M 公司	美国	34 229	5777

续表

2023 年排名	2022 年排名	公司名称	国别	收入	利润
444	438	Inditex 公司	西班牙	34 119	4327
445	403	英美烟草集团	英国	34 096	8219
446	485	US Foods Holding 公司	美国	34 057	265
447	383	损保控股有限公司	日本	34 037	673
448	—	Magnit 公司	俄罗斯	33 849	402
449	—	华纳兄弟探索公司	美国	33 817	− 7371
450	—	莱纳公司	美国	33 671	4614
451	469	上海德龙钢铁集团有限公司	中国	33 534	253
452	378	意大利邮政集团	意大利	33 528	1584
453	393	长江和记实业有限公司	中国	33 523	4684
454	—	Fomento Económico Mexicano 公司	墨西哥	33 482	1189
455	—	D. R. Horton 公司	美国	33 480	5858
456	490	捷普公司	美国	33 478	996
457	474	三星 C&T 公司	韩国	33 436	1584
458	—	Cheniere Energy 公司	美国	33 428	1428
459	460	CRH 公司	爱尔兰	33 368	3847
460	463	林德集团	英国	33 364	4147
461	496	DSV 公司	丹麦	33 321	2484
462	—	博通公司	美国	33 203	11 495
463	462	纬创集团	中国	33 064	375
464	353	安徽海螺集团有限责任公司	中国	32 991	871
465	363	北京建龙重工集团有限公司	中国	32 878	229
466	421	湖南钢铁集团有限公司	中国	32 723	1176
467	—	北京三快在线科技有限公司	中国	32 699	− 994
468	422	潞安化工集团有限公司	中国	32 596	88
469	—	康帕斯集团	英国	32 564	1421
470	409	日本爱信精机公司	日本	32 528	278
471	—	Canadian Natural Resources 公司	加拿大	32 503	8404
472	433	SAP 公司	德国	32 469	2402

续表

2023 年排名	2022 年排名	公司名称	国别	收入	利润
473	492	星巴克公司	美国	32 250	3282
474	482	麦德龙股份公司	德国	32 186	−361
475	—	Molina Healthcare 公司	美国	31 974	792
476	—	通威集团有限公司	中国	31 944	1637
477	—	Uber Technologies 公司	美国	31 877	−9141
478	416	新华人寿保险股份有限公司	中国	31 861	1460
479	—	立讯精密工业股份有限公司	中国	31 817	1362
480	454	菲利普−莫里斯国际公司	美国	31 762	9048
481	472	CJ 集团	韩国	31 703	157
482	473	美敦力公司	爱尔兰	31 686	5039
483	414	中国航空油料集团有限公司	中国	31 650	411
484	481	Netflix 公司	美国	31 616	4492
485	450	Migros 集团	瑞士	31 576	491
486	—	NRG Energy 公司	美国	31 543	1221
487	498	亿滋国际公司	美国	31 496	2717
488	—	法国液化空气集团	法国	31 483	2902
489	486	丹纳赫公司	美国	31 471	7209
490	423	西门子股份公司	德国	31 367	−437
491	—	赛富时公司	美国	31 352	208
492	483	派拉蒙环球公司	美国	31 331	1104
493	466	成都兴城投资集团有限公司	中国	31 304	186
494	484	普利司通公司	日本	31 298	2287
495	445	广西投资集团有限公司	中国	31 263	84
496	464	三星生命保险株式会社	韩国	31 243	1227
497	442	住友生命保险公司	日本	31 218	1033
498	432	CarMax 公司	美国	31 126	485
499	418	日本三菱重工业股份有限公司	日本	31 050	964
500	453	新疆广汇实业投资(集团)有限责任公司	中国	30 922	159

资料来源：根据《财富》网站相关资料整理。

附录 2 2023 年中国上榜企业排行榜

2023年排名	2022年排名	公司名称	营业收入（百万美元）	利润（百万美元）	资产（百万美元）	股东权益（百万美元）	员工数（万人）
3	3	国家电网有限公司	530 009	8192	710 763	304 177	87.03
5	4	中国石油天然气集团有限公司	483 019	21 080	637 223	307 192	108.70
6	5	中国石油化工集团有限公司	471 154	9657	368 751	132 209	52.75
13	9	中国建筑集团有限公司	305 885	4234	386 249	31 058	38.25
27	20	鸿海精密工业股份有限公司	222 535	4751	134 618	47 235	76.71
28	22	中国工商银行股份有限公司	214 766	53 589	5 742 860	506 752	42.76
29	24	中国建设银行股份有限公司	202 753	48 145	5 016 806	414 187	37.67
32	28	中国农业银行股份有限公司	187 061	38 524	4 919 030	386 883	45.23
33	25	中国平安保险（集团）股份有限公司	181 566	12 454	1 614 738	124 496	34.42
38	31	中国中化控股有限责任公司	173 834	−1	229 659	−1044	22.34
39	34	中国铁路工程集团有限公司	171 669	2035	234 956	19 031	31.48
42	65	中国海洋石油集团有限公司	164 762	16 988	219 416	108 340	8.18
43	39	中国铁道建筑集团有限公司	163 037	1800	221 617	17 198	34.21
44	44	中国宝武钢铁集团有限公司	161 698	2493	179 760	46 513	24.57
49	42	中国银行股份有限公司	156 924	33 811	4 192 115	351 967	30.62
52	46	京东集团股份有限公司	155 533	1543	86 303	30 935	45.07
54	40	中国人寿保险公司	151 487	6859	888 306	27 970	18.06
62	57	中国移动通信集团有限公司	139 597	14 718	331 724	182 777	45.22
63	60	中国交通建设集团有限公司	138 270	1255	344 369	24 963	22.10
65	58	中国五矿集团有限公司	133 541	877	153 155	9461	18.33
68	55	阿里巴巴集团控股有限公司	126 813	10 625	255 263	144 105	23.52
69	77	厦门建发集团有限公司	125 971	454	104 907	8662	4.10
72	69	山东能源集团有限公司	124 089	33	137 900	14 600	23.28

续表

2023 年排名	2022 年排名	公司名称	营业收入（百万美元）	利润（百万美元）	资产（百万美元）	股东权益（百万美元）	员工数（万人）
74	70	中国华润有限公司	121 643	4662	331 830	45 826	37.99
76	85	国家能源投资集团有限责任公司	121 584	5699	281 587	71 647	31.08
83	89	中国南方电网有限责任公司	113 674	1516	166 026	60 382	27.12
84	68	上海汽车集团股份有限公司	110 612	2396	143 552	40 485	15.49
86	81	中国邮政集团有限公司	110 271	4897	2 131 968	71 671	75.25
87	91	中粮集团有限公司	110 222	1766	100 848	16 870	10.35
95	106	厦门国贸控股集团有限公司	103 090	290	46 715	5277	3.29
100	102	中国中信集团有限公司	100 769	3904	1 536 521	63 540	17.28
105	100	中国电力建设集团有限公司	99 020	621	187 768	14 977	18.24
111	96	华为投资控股有限公司	95 490	5283	154 237	63 355	20.70
113	80	中国医药集团有限公司	94 075	1101	81 654	18 588	20.15
115	127	中国远洋海运集团有限公司	93 181	6233	161 552	39 460	10.78
120	110	中国人民保险集团股份有限公司	91 535	3639	218 805	32 154	17.79
123	75	恒力集团有限公司	90 944	356	48 633	8742	17.01
124	76	正威国际集团有限公司	90 498	1497	31 835	19 555	2.32
131	79	中国第一汽车集团有限公司	87 679	3846	86 465	36 194	11.95
132	131	中国电信集团有限公司	87 166	2061	151 749	57 446	39.27
136	180	浙江荣盛控股集团有限公司	86 166	170	56 816	4308	2.33
138	120	物产中大集团股份有限公司	85 710	581	21 030	4892	2.42
142	160	厦门象屿集团有限公司	83 639	300	42 458	3966	1.54
146	136	中国兵器工业集团有限公司	82 689	1788	75 355	21 290	21.63
147	121	腾讯控股有限公司	82 440	27 984	228 808	104 592	10.84
150	144	中国航空工业集团有限公司	81 671	1528	185 527	33 641	38.30
157	150	太平洋建设集团有限公司	79 478	5188	55 154	29 992	30.16
161	155	交通银行股份有限公司	78 213	13 699	1 883 724	148 380	9.18
163	163	晋能控股集团有限公司	77 761	359	160 235	10 907	47.08

续表

2023 年排名	2022 年排名	公司名称	营业收入（百万美元）	利润（百万美元）	资产（百万美元）	股东权益（百万美元）	员工数（万人）
165	186	广州汽车工业集团有限公司	77 345	623	57 256	9181	11.94
166	139	中国铝业集团有限公司	76 946	1698	90 619	15 857	13.04
168	225	台积公司	76 022	33 343	161 661	94 533	7.31
169	209	陕西煤业化工集团有限责任公司	75 871	1386	104 788	14 082	13.80
171	176	江西铜业集团有限公司	74 927	464	30 396	5382	3.32
172	199	山东魏桥创业集团有限公司	74 923	931	37 309	12 801	9.81
173	178	万科企业股份有限公司	74 901	3362	254 765	35 187	13.18
175	152	招商局集团有限公司	73 283	8474	381 608	69 031	27.60
179	174	招商银行股份有限公司	72 317	20 517	1 470 004	137 085	11.30
188	122	东风汽车集团有限公司	68 416	1211	73 288	18 465	13.46
191	181	中国保利集团有限公司	67 696	1288	265 106	17 035	11.80
192	182	中国太平洋保险（集团）股份有限公司	67 696	3658	315 534	33 122	10.45
193	162	北京汽车集团有限公司	67 282	296	68 342	9991	9.50
205	125	绿地控股集团股份有限公司	64 802	150	197 953	13 143	7.02
206	138	碧桂园控股有限公司	63 979	− 900	252 924	29 523	6.99
209	215	中国华能集团有限公司	63 284	1125	205 184	20 272	12.46
212	436	比亚迪股份有限公司	63 041	2471	71 603	16 098	57.01
217	171	联想集团有限公司	61 947	1608	38 920	5588	7.70
222	241	盛虹控股集团有限公司	61 251	428	29 893	5593	3.91
223	208	兴业银行股份有限公司	60 962	13 584	1 343 541	108 187	6.98
225	229	浙江吉利控股集团有限公司	60 396	945	81 291	13 009	13.15
229	189	河钢集团有限公司	59 563	50	78 229	9171	9.98
244	264	浙江恒逸集团有限公司	57 332	− 153	19 554	1814	2.13
247	196	中国建材集团有限公司	56 514	629	101 920	7073	20.89
252	233	中国电子科技集团有限公司	55 848	2665	86 146	31 972	23.59
256	269	中国能源建设集团有限公司	54 890	545	98 548	6854	11.63

续表

2023 年排名	2022 年排名	公司名称	营业收入（百万美元）	利润（百万美元）	资产（百万美元）	股东权益（百万美元）	员工数（万人）
257	238	青山控股集团有限公司	54 711	1457	20 139	7621	10.10
260	226	上海浦东发展银行股份有限公司	54 028	7607	1 262 056	101 182	6.47
262	260	国家电力投资集团有限公司	54 022	744	229 339	27 048	12.34
267	267	中国联合网络通信股份有限公司	52 766	1085	93 471	22 382	24.45
269	257	陕西延长石油（集团）有限责任公司	52 224	870	70 896	22 220	12.95
272	243	中国船舶集团有限公司	51 799	2710	136 965	41 261	20.45
278	245	美的集团股份有限公司	51 393	4393	61 265	20 724	16.62
279	224	中国机械工业集团有限公司	51 126	− 409	51 583	9081	12.54
283	217	鞍钢集团有限公司	50 041	608	69 740	13 684	16.40
289	339	金川集团股份有限公司	49 467	1113	20 862	7526	2.89
292	—	宁德时代新能源科技股份有限公司	48 849	4568	87 130	23 848	11.89
310	302	浙江省交通投资集团有限公司	46 617	859	121 861	20 049	4.18
313	299	苏商建设集团有限公司	46 138	1357	32 994	15 272	15.11
320	386	敬业集团有限公司	45 705	329	12 587	5182	3.10
323	326	中国华电集团有限公司	45 113	1021	148 926	16 168	9.29
329	273	中国民生银行股份有限公司	44 582	5243	1 051 974	86 981	6.26
333	311	和硕公司	44 273	507	20 718	5943	16.18
341	315	中国兵器装备集团公司	43 429	1015	59 633	13 476	15.66
345	349	广达电脑公司	42 997	972	26 576	5508	6.80
348	291	江苏沙钢集团有限公司	42 784	558	49 903	11 095	4.52
351	321	上海建工集团股份有限公司	42 522	202	53 182	5866	5.14
356	297	中国中煤能源集团有限公司	41 997	1877	70 504	13 437	14.73
359	431	山西焦煤集团有限责任公司	41 662	355	75 193	8859	21.48
360	266	小米集团	41 631	368	39 655	20 829	3.25

续表

2023年排名	2022年排名	公司名称	营业收入（百万美元）	利润（百万美元）	资产（百万美元）	股东权益（百万美元）	员工数（万人）
363	356	新希望控股集团有限公司	41 426	8	49 488	3882	12.39
368	324	中国电子信息产业集团有限公司	40 326	−501	61 129	10 448	18.49
373	407	紫金矿业集团股份有限公司	40 187	2979	44 372	12 896	4.88
377	441	顺丰控股股份有限公司	39 765	918	31 439	12 507	16.28
378	475	台湾中油股份有限公司	39 427	−6299	31 702	2393	1.67
380	360	广州市建筑集团有限公司	39 258	150	28 664	2696	4.48
381	364	中国核工业集团有限公司	39 054	1281	166 795	26 943	18.17
385	334	中国太平保险集团有限责任公司	38 706	116	182 634	5064	6.84
389	413	蜀道投资集团有限责任公司	38 019	646	172 256	39 540	4.87
391	372	深圳市投资控股有限公司	37 888	907	153 290	27 377	10.31
395	397	怡和集团	37 724	354	89 148	28 826	42.50
396	411	中国大唐集团有限公司	37 606	182	123 159	13 337	8.92
400	341	中国航天科工集团有限公司	37 371	2167	75 170	26 481	14.13
402	412	龙湖集团控股有限公司	37 249	3622	114 072	20 603	3.16
410	328	首钢集团有限公司	36 853	189	75 225	17 445	9.12
411	336	杭州钢铁集团有限公司	36 818	246	11 939	3930	1.18
412	434	新疆中泰（集团）有限责任公司	36 762	112	21 604	1040	4.22
414	—	广州工业投资控股集团有限公司	36 589	234	42 301	5446	8.80
419	405	海尔智家股份有限公司	36 201	2187	34 194	13 545	10.96
420	317	仁宝电脑公司	36 040	245	14 767	3787	7.31
426	467	广州医药集团有限公司	35 383	311	11 489	2024	3.51
427	—	广东省广新控股集团有限公司	35 368	356	18 453	2659	4.06
431	346	泰康保险集团股份有限公司	34 837	1615	197 971	15 441	5.90
432	—	陕西建工控股集团有限公司	34 735	391	56 144	2249	3.67

续表

2023 年排名	2022 年排名	公司名称	营业收入（百万美元）	利润（百万美元）	资产（百万美元）	股东权益（百万美元）	员工数（万人）
434	385	中国中车集团有限公司	34 697	902	74 224	12 946	17.02
436	400	铜陵有色金属集团控股有限公司	34 590	5	14 646	1177	2.18
438	430	上海医药集团股份有限公司	34 486	835	28 727	9723	4.79
440	458	山东高速集团有限公司	34 455	445	191 751	26 538	5.41
451	469	上海德龙钢铁集团有限公司	33 534	253	21 003	3489	4.64
453	393	长江和记实业有限公司	33 523	4684	147 143	67 659	30.00
463	462	纬创集团	33 064	375	14 097	3139	6.50
464	353	安徽海螺集团有限责任公司	32 991	871	43 732	10 615	6.16
465	363	北京建龙重工集团有限公司	32 878	229	25 337	5305	5.63
466	421	湖南钢铁集团有限公司	32 723	1176	22 772	5574	3.55
467	—	北京三快在线科技有限公司	32 699	− 994	35 446	18 669	9.19
468	422	潞安化工集团有限公司	32 596	88	49 859	4658	10.96
476	—	通威集团有限公司	31 944	1637	23 181	3819	4.24
478	416	新华人寿保险股份有限公司	31 861	1460	181 964	14 917	3.26
479	—	立讯精密工业股份有限公司	31 817	1362	21 514	6574	23.69
483	414	中国航空油料集团有限公司	31 650	411	10 472	4530	1.38
493	466	成都兴城投资集团有限公司	31 304	186	157 644	10 212	3.91
495	445	广西投资集团有限公司	31 263	84	108 649	4433	3.39
500	453	新疆广汇实业投资（集团）有限责任公司	30 922	159	37 332	5887	7.41

资料来源：根据《财富》网站相关资料整理。

附录 3　2023 年上榜电力企业主要指标排名情况

2023 年排序	公司名称	营业收入（百万美元）	净利润（百万美元）	资产总额（百万美元）
3	国家电网有限公司	530 008.8	8191.9	710 763.1
16	Uniper 公司	288 309.2	−19 961.3	129 616
55	法国电力公司	150 902.1	−18 868.6	414 136.8
59	意大利国家电力公司	147 790	1769.1	234 332.4
73	意昂集团	121 646.4	1925.8	142 987.6
76	国家能源投资集团有限责任公司	121 583.6	5699.2	281 587.3
83	中国南方电网有限责任公司	113 674	1515.5	166 026.1
89	Engie 集团	109 174.7	227.2	251 267.8
209	中国华能集团有限公司	63 284.3	1125.3	205 183.9
237	巴登—符滕堡州能源公司	58 901.2	1828	74 160.4
242	东京电力公司	57 615.8	−913.4	102 177.8
246	伊维尔德罗拉公司	56 741.3	4563.6	165 029.7
258	韩国电力公司	54 649.8	−18 953.7	186 655.4
262	国家电力投资集团有限公司	54 021.7	743.7	229 338.8
323	中国华电集团有限公司	45 113.4	1021.3	148 926
367	莱茵集团	40 351.8	2857.6	147 830.7
396	中国大唐集团有限公司	37 606.1	181.7	123 158.5

资料来源：根据《财富》网站相关资料整理。

参 考 文 献

［1］ 徐红梅，陈建伍．企业经济增长与 GDP 增长的引导关系研究［J］．中国商贸，2011：253-254.

［2］ Fortune.《财富》榜单．http：//www. fortunechina. com/.

［3］ 海螺集团．年报．http：//www. chinaconch. com/.

［4］ 台湾中油．年报．http：//www. cpc. com. tw/.

［5］ 李锦．加快建设中国式现代化的新型产业体系［J］．现代国企研究，2023（06）：34-41.

［6］ 本刊综合中国政府网，新华网，经济参考报消息．精准施策 金融支持实体经济效果逐步显现［J］．财经界，2018（25）：54-56.

［7］ wind 数据中心．

［8］ Uniper. Report on the Financial Year 2022. https：//www. uniper. energy/.

［9］ RWE. Report on the Financial Year 2022. https：//www. rwe. com/.

［10］ KOREA ELECTRIC POWER. Report on the Financial Year 2022. http：//www. kepco. co. kr/.

［11］ 国家电力投资集团．年报．https：//www. spic. com/.

［12］ 王啟亮．财务共享背景下企业集团司库体系建设探讨［J］．现代审计与会计，2023（10）：33-35.

［13］ BP. Global Energy Outlook. https：//www. bp. com/.

［14］ IEA. World Energy Outlook. https：//www. iea. org/.

［15］ World bank. Commdity Markets Outlook. https：//openknowledge. worldbank. org/.

［16］ The Economist Group. Reports. https：//www. economistgroup. com/.

［17］ JATO Dynamics. Media and insight. https：//www. jato. com/.

［18］ Statista. Industries & Markets reports. Research report. https：//www. statista. com/.

致　　谢

《世界 500 强电力企业比较分析报告　2023》在编写过程中，得到了财务领域内一些业内知名专家的大力支持，在此表示衷心感谢！

诚挚感谢以下专家对本书的框架结构、内容观点提出宝贵建议，对部分基础数据审核把关（按姓氏笔画排序）：

杜静然　张永冀　陈　玥　钟　玮　粟立钟